GEBET DES SCHWEIGENS

EINE SCHULE DER KONTEMPLATION
NACH DER »WOLKE DES NICHTWISSENS«

Herausgegeben und eingeleitet von Willigis Jäger
Auswahl und zeitgemäße Fassung der Texte
aus der »Wolke des Nichtwissens«
von Robert Llewelyn

OTTO MÜLLER VERLAG SALZBURG

Übersetzung der Texte aus der »Wolke des Nichtwissens«
aus dem Englischen von Guido Joos

ISBN 3-7013-0677-X

Die englische Originalausgabe der Texte aus der
»Wolke des Nichtwissens« ist unter dem Titel
Robert Llewelyn, The Dart of Longing Love
im Verlag Darton, Longman & Todd Ltd, London
erschienen.
Schutzumschlaggestaltung: Fritz Grasedieck, Adnet
Druck und Bindearbeit: Druckhaus Nonntal, Salzburg
Printed in Austria

Gebet des Schweigens

INHALT

ERSTER TEIL: EINFÜHRUNG VON WILLIGIS JÄGER

Zweiter Teil: Der Weg der Liebe

Tageslesungen aus der *Wolke** und dem *Brief**

* Das Inhaltsverzeichnis weist auch auf die Kapitel der *Wolke* oder des *Briefes* hin, aus denen die Lesungen stammen. W – steht für die *Wolke des Nichtwissens*, B – für *Der Brief der Seelenführung.*

ERSTER TEIL

EINFÜHRUNG VON WILLIGIS JÄGER

Vorwort

Die Möglichkeit, die Tiefenschichten der Seele freizulegen, scheint ein allgemeingültiges menschliches Phänomen zu sein. Wir finden Hinweise darauf schon in den Wandzeichnungen von Höhlen in Europa und an Felsen in Afrika, Asien, Amerika und Australien; wir finden praktische Wege des Vollzugs in *allen* Kulturen der Erde. – Da die Träger der geistigen Seite der Kultur seit Anbeginn die Priesterschaft war, sind Art und Weise des Vorgangs in den Religionen überliefert worden. Weil diese Vorgänge für das Oberflächenbewußtsein unverständlich sind, galten sie als geheim. Noch heute nennt man in den sogenannten »Primitivkulturen« die Wissenden Zauberer und Schamanen.

Da bei der Öffnung der Tiefenschichten sonst gebundene und verdeckte Kräfte frei werden, ist es möglich, diese als Machtzuwachs positiv und/oder negativ zu benutzen.

Die moderne Psychologie hat diese Gebiete zum Teil erforscht. Wir finden ihre Methoden des Abstiegs in die Tiefe z.B. in der Unter- und Oberstufe des Autogenen-Trainings, des Psychohygienetrainings, der transpersonalen Psychologie usw. Weil der Weg in die Tiefenerfahrung vom Psychosomatischen ausgeht, gelingt es manchen Menschen ohne Übung in sie hineinzugleiten (etwa durch lange Bewegungslosigkeit und Konzentration). Man sah sie in früheren Zeiten als besonders begnadet an.

Was berechtigt uns nun, diesen Weg als eine Form des Gebetes anzusehen, als eine Möglichkeit, Gott in einer tieferen und umfassenderen Weise zu erfahren?
Wir finden den ersten Hinweis in den Worten Jesu: Du sollst den Herrn, Deinen *Gott, lieben* aus Deiner *ganzen* Seele, aus Deinem *ganzen* Gemüte und mit *allen* Deinen Kräften. – Das braucht wohl nicht weiter erläutert zu werden.

Wenn wir wirklich glauben, daß Gott der Schöpfer aller Dinge ist, daß er in allem und alles in ihm ist, dann können wir ihn auch mit einer erweiterten Öffnung des Bewußtseins in umfassenderer Weise erfahren. Es handelt sich um eine Entdeckung, Aufdeckung, Offenlegung des immanent Seienden und Wesenden. Wir können uns nur bereiten – Er offenbart sich nach Seinem Gesetz. So gesehen ist alles Gnade.

Es ist gut, wenn man auf diesem uns unbekannten Weg einen Führer hat, der mit den Stationen und Begegnungen auf dem Weg vertraut ist.

Wer sich dem kontemplativen Beten hingibt, läßt alle anderen Gebetswege während dieser Zeit hinter sich. Wir sollten uns jedoch hüten, deswegen die anderen Formen zu mißachten. *Der kontemplative Weg ist eine Ergänzung und Weiterführung* unseres normalen Betens und soll weder Liturgie noch Betrachtung noch mündliches Gebet verdrängen.

Stufen des Bewusstseins

Wenn man träumt, meint man, dies sei die einzige Bewußtseinsebene, die es gibt. Man fliegt im Traum, man geht durch Wände, man ist an verschiedenen Orten gleichzeitig, usw. Solange man träumt, ist man überzeugt, das ist die einzige Wirklichkeitsebene. Erst wenn man aufwacht, stellt man fest, daß man geträumt hat, und daß es noch eine andere Bewußtseinsebene gibt, die Ebene des Tagesbewußtseins. Auf dieser Ebene sind wir jetzt da, wir lesen, schreiben, arbeiten, denken und planen usw. Wer aber meint, daß diese Ebene die einzige sei, der verfällt der gleichen Täuschung wie jener, der während des Traumes überzeugt ist, die Traumebene sei die einzig mögliche. Es gibt neben oder unter der Ebene des *Tages- oder Ich-Bewußtseins* noch andere, darunter auch jene, die wir die Ebene der *mystischen Erfahrung* nennen wollen.

Der mystische Weg im Christentum

Im Christentum wurde dieser Weg schon von den Mönchen in der Wüste gelehrt. Sie nannten diesen Weg in die Gotteserfahrung *Ruminatio*. Ruminatio ist das lateinische Wort für das Wiederkäuen der Tiere. So wie die Tiere ständig am Wiederkäuen sind, soll auch der Mönch seine Gebetsformel ständig im Herzen und auf den Lippen haben. So schreibt der Abt Antonius im 4. Jahrhundert:

> »Das Kamel braucht nur wenig Nahrung: es bewahrt sie in sich auf, bis es in seinen Stall kommt; dann läßt es sie wieder heraufsteigen und kaut sie wieder, *bis sie in seine Knochen und in sein Fleisch eindringt*. Aber das Pferd braucht viel Nahrung; es frißt zu jeder Stunde und verliert sofort wieder, was es gefressen hat. Also denn: laßt uns nicht sein wie das Pferd!, d.h. wir rezitieren zu jeder Stunde das Wort Gottes, aber wir verwirklichen es nicht. *Nehmen wir uns ein Beispiel am Kamel,* indem wir jedes Wort der

Heiligen Schrift rezitieren, es in uns bewahren, bis wir es verwirklicht haben.«

Ähnlich wie das Jesusgebet führte dieser Weg oft in die Kontemplation.

Vor allem aber sind es die großen Mystiker des Westens, Eckehart, Johannes vom Kreuz, Nikolaus von Kues, Theresia von Avila und andere, die uns Einblick in diesen Weg geben.

Mit der Aufklärung und in der Folgezeit wurde der Einstieg in diese Art des Betens verschüttet. Erst in neuester Zeit, als aus dem Osten verschiedene Formen der Meditation in unser Blickfeld kamen, sind wir dabei, unseren eigenen christlichen Weg wieder zu suchen und ihn begehbar zu machen.

Die verschiedenen Gebetsstufen bei Theresia von Avila

Theresia unterscheidet verschiedene Formen des Betens:

1. Mündliches Gebet
2. Mentales Gebet (andächtiges Gebet – inneres Gebet)
3. Meditation (Betrachtung, evtl. mit Lesung)
4. Gebet der Sammlung (aktiv oder passiv)

Nach dieser Form des Betens beginnt das eigentliche kontemplative Gebet:

5. Gebet der Ruhe
6. Kontemplation – mystische Union.

Die ersten vier Formen des Betens bewegen sich noch auf der intellektuellen sensitiven Stufe. Wir versuchen mit Gott in Kontakt zu kommen über unsere Sinne und unseren Verstand. In der Meditation arbeiten wir noch mit unseren verschiedenen psychischen Kräften. Wir aktivieren Sinne und Verstand, wenn wir eine Bildmeditation, Wortmeditation oder Musikmeditation machen. Wir meditieren dann über etwas. Unsere *Meditation hat einen Inhalt.* Es ist ein Weg zu Gott über Sinne und Verstand. (Siehe S. 64) Ganz sicher kann auch die Meditation in tiefere Schichten unseres Bewußtseins führen.

Aber wir müssen uns darüber im klaren sein, daß es noch nicht um Kontemplation geht im Sinne von Theresia von Avila oder Johannes vom Kreuz, solange das Objekt außen ist oder in unserer intellektuellen oder sinnenhaften Vorstellung.

Kontemplation

Tiefer als die Ebene des diskursiven Denkens und der Sinneswahrnehmung liegt eine noch umfassendere Ebene des Begreifens; die moderne Psychologie nennt sie die *transpersonale Ebene.* Auch von hier aus haben wir die Möglichkeit, mit Gott in einen tieferen Kontakt zu treten. Wenn diese transpersonale Erfahrung sich noch mehr erweitert, sprechen wir von der *mystischen Ebene,* der Ebene des Schauens oder der *Kontemplation.* Hier widerfährt dem Menschen etwas. Er kann nichts mehr aktiv machen. Kann man etwas tun, um auf eine solche Ebene des Erfahrens zu gelangen?

Alle Religionen haben Wege entwickelt, die in tiefere Schichten der religiösen Erfahrung führen. Auch uns Christen sind diese Wege bekannt. In den Schriften der Mystiker wird uns davon berichtet.

So schreibt z.B. Johannes v. Kr. in der Einleitung zu seinem Buch *Aufstieg zum Berg Karmel:* Das Buch handelt davon, wie die Seele sich bereiten kann, um bald mit Gott vereinigt zu werden.“

»Wolke des Nichtwissens«

In diesem Buch sei vor allem auf den Weg eines christlichen Mystikers eingegangen, der den Weg sehr genau beschrieben hat. Er ist bei uns in zwei kleinen Büchlein zusammengefaßt: *Der Weg des Schweigens* und *Die Wolke des Nichtwissens.* Das Original stammt von einem Mystiker des 14. Jahrhunderts, der in England gelebt hat. Wir kennen seinen Namen nicht. Er legte seine Gedanken in Briefform nieder. Diese schickte er einem jungen Mann, den er in diese Gebetsform einführen wollte, die wir die kontemplative Gebetsform nennen. Auszüge aus seinen Briefen finden sich im zweiten Teil dieses Buches.

Zuerst seien jedoch einige praktische Hinweise gegeben, die nicht in der Wolke des Nichtwissens stehen.

Sitz

Es ist sehr wichtig, daß wir uns an einem ruhigen Ort niederlassen. Wir können uns in eine *Kirchenbank* setzen oder zu Hause still auf einen *Stuhl*. Viele bevorzugen ein niedriges *Bänkchen*, andere knien lieber auf den Fersen. Wichtig ist, daß wir eine Stellung finden, in der wir es längere Zeit ruhig, ohne uns zu bewegen, aushalten können. Auch die christlichen Mönche kannten das lange, ausdauernde Sitzen bei der Gebetsübung (Siehe S. 39).

Atem

Der Einstieg in den Weg, der in die Tiefe führt, geschieht am besten über den *Atem*. Das steht zwar nicht in den obengenannten Briefen, aber der Atem war immer eine große Hilfe in fast allen mystischen Wegen. Wir müssen nämlich gleichsam mit dem Atem die äußeren Schichten unserer leiblichen Wahrnehmungen verlassen, bevor sich das Tor in die Tiefe auftut. Wichtig ist auch, daß unser Rücken gerade aufgerichtet ist, weil nur dann das Zwerchfell frei beweglich bleibt und so der Atem ungehindert fließen kann. Wir bringen also zuerst unseren Körper in Ordnung. Wir setzen uns aufrecht hin, und dann *achten wir auf unseren Atem*. Wir lassen ihn kommen und gehen. Das zuzulassen, ist für den ersten Tag genug.

Gleich hier am Anfang sei darauf hingewiesen, daß du auf diesem Wege nur weiterkommst, wenn du *täglich, und zwar möglichst zu regelmäßigen Zeiten* übst. Eine halbe Stunde ist jeweils ein gutes Zeitmaß dafür. Wenn wir gelernt haben, ruhig zu sitzen und unserem Atem zu folgen, schieben wir einen Vokal oder ein Wort in den Ausatem. Es ist wichtig, daß wir nicht bewußt atmen, daß wir das Atemzentrum, das im Vegetativum sehr empfindlich ist, nicht irritieren.

Daß auch die christlichen Mönche den Atem zur Hilfe benutzt haben, ersiehst du aus dem Kapitel: »Beispiele aus der . . . «, S. 37.

WORT

Der Schreiber der *Wolke* spricht von einem *Wort,* dessen Bedeutung wir lieben. Er spricht auch von einem kurzen Wort, das sich besser einfügt als ein langes. Die Erfahrung zeigt, daß auch ein dunkler Vokal für die Übung gut geeignet ist. (Worte: Jesus, Christos, Shalom.) Beim innerlichen Aussprechen wird der letzte Vokal ganz natürlich im verlängerten Ausatmen gedehnt. Wenn das Wort drei- oder zweisilbig ist, z.B. Herr Jesus, dehnst du den letzten Vokal, nämlich das »u«. Du kannst auch die erste Silbe beim Einatmen, die letzte beim Ausatmen sprechen: Je--sus, Herr Je--sus.

Wenn du so weit mit deiner vorbereitenden Übung bist, achte nicht mehr auf den Atem, sondern auf das gewählte Wort, das du in seinem letzten Vokal etwas dehnst. Singe diesen Vokal innerlich und ohne äußeren Laut. Der Vokal führt den Atem, sodaß du nicht mehr auf ihn achten brauchst. Durch diesen Vorgang beruhigt sich unser Inneres. Indem wir unser Bewußtsein an diesem Wort sammeln, lassen wir viele Dinge los, um die unser Verstand oft zwangsweise kreist. Sie führt also nicht zu einer Verdrängung. Sie läßt alles, wo es ist, sammelt und vereinheitlicht aber unser Bewußtsein in diesem Wort, bzw. in diesem einen Vokal. Das hat gleichzeitig die Wirkung, daß alle Gedanken, Gefühle und Stimmungen zurücktreten und nur dieses Wort als einziges meine Aufmerksamkeit fesselt, und das Bewußtsein ausfüllt.

Du darfst nicht über das Wort nachdenken, das wäre Meditation über etwas. Eine Grundanweisung aller Mystiker lautet: »Du mußt aufhören nachzudenken, auch die frömmsten Gedanken helfen dir auf diesem Weg nicht weiter. Ebensowenig helfen dir deine frommen Gefühle auf diesem Weg.« Laß alles zurück, was dich hindert leer zu werden. Alles loszulassen und ganz leer zu werden, ist die Voraussetzung dafür, daß Gott eintreten kann (Siehe S. 62, 63, 64, 65, 66)

Zusammenfassung des kontemplativen Gebetsweges

Setze dich hin!
Sitze aufrecht!
Zwerchfell und Bauch bewegen sich vollkommen ungehindert.
Der Atem fließt frei!
Sprich oder singe innerlich dein Wort!
Singe den letzten Vokal, solange du Luft zum Ausatmen hast!
Dadurch wird der Ausatem auf natürliche Weise länger als der Einatem.
Denke nicht nach über das Wort! (Siehe S. 61, 62)
Fließe mit deinem ganzen Sein in dieses Wort hinein.
Es ist nur der Sammelpunkt für dein Bewußtsein.
Lade es auf mit Hingabe, Liebe, Vertrauen.
So läßt du alles andere los.
Es wird dein Lob-, Bitt-, Dankgebet.
Wiederhole dieses Wort bei jedem Ausatmen!
Bleibe möglichst 20 bis 25 Minuten bewegungslos sitzen!
Lasse den Atem mit dem Wort in immer gleicher Weise zu!
Werde eins mit dem Wort und dem Vorgang des Ausatmens.

Hingabe, Liebe, Sehnsucht und Vertrauen

Der Schreiber der *Wolke* rät, dieses Wort aufzuladen mit Hingabe, mit Liebe, mit Vertrauen auf Gott. Es ist wichtig, daß du all deine Sehnsucht in dieses Wort hineinlegst; daß du dieses Wort zum Lob, zum Preis, zur Fürbitte machst, ohne daß du besondere Gedanken oder Gefühle oder Worte hinzufügst. Dieses Wort wird für dich zum umfassenden Gebet und wird dich immer mehr umgreifen, so daß dein ganzes Wesen in dieses Gebet hineinfließt und du keine weiteren Worte mehr vor Gott zu sagen brauchst. (Siehe S. 62, 63, 65, 69)

Du darfst jedoch nicht verwundert sein, wenn solche Gefühle oft nicht vorhanden sind. Der Weg führt durch lange Strecken der Trockenheit. Er führt durch Wüste und Nacht, wie die Mystiker sagen. Es ist von größter Bedeutung, daß du dann weiterübst, auch wenn du das Gefühl hast, daß du nicht mehr betest. (Siehe S. 59, 60, 62)

Wahrnehmung des eigenen Seins

Der Schreiber der *Wolke* und des Briefes spricht öfters von der *Wahrnehmung des eigenen Seins.* Im Laufe der Übung merkst du, daß am Grunde deiner Gedanken, Gefühle und Intentionen noch etwas existiert, was von diesen Bewegungen, die über deine Psyche laufen, unabhängig ist. Gedanken und Gefühle kommen daher, aber sie sind nicht dieser Grund. Diesen Grund nennt *»die Wolke«* das Sein. (Siehe S. 84, 85, 86)

Vielleicht kommst du in einen Zustand, in dem du erfährst, *daß du bist.* Du weißt aber nicht, wo du bist und wer du bist. Du erfährst das Sein. Es sind in diesem Zustand immer *noch zwei,* einer, der erfährt, und das, was erfahren wird. Das, was in diesem Zustand erfahren wird, ist das nackte Sein.

Von hier aus weiterzukommen, ist sehr schwer. (Siehe S. 86) Das Ziel ist, nur das *Sein Gottes* zu erfahren. Du mußt auch noch dieses *Ich hinter dir lassen.* Das kann aber nicht mit einem

Willensakt geschehen. Es bleibt dir nichts übrig, als weiterzuüben. Fahre mit deiner Gebetsübung fort. Fließe ganz in sie hinein. Fixiere das Wort und den Atem nicht. Folge ihnen mit einer *nicht spezifizierten Aufmerksamkeit.* So wie man noch nicht Geige spielen kann, wenn man auf Noten, Saiten und Bogen achten muß, sondern erst, wenn »es spielt«, so vollziehst du erst dann die Gebetsübung richtig, wenn *es betet,* wenn nicht mehr deine Gedanken die Übung begleiten, sondern dein ungeteiltes Bewußtsein.

Der kontemplative Gebetsweg als Lebensweg

Kontemplation ist nicht nur eine Form des Betens, sondern auch ein Weg zur menschlichen Reifung. Um dem Ziel näherzukommen, ist es von großer Bedeutung, daß du diese Übung zu einem Lebensweg machst. Hier und da eine halbe Stunde Übung bringt dich nicht voran. Die mystischen Schriftsteller sprechen vom dauernden Wandel in Gottes Gegenwart oder vom immerwährenden Gebet. Dieses Gebet läßt sich nicht intellektuell vollziehen, es muß dir in »Fleisch und Blut« übergehen. Wer die *Aufrichtigen Erzählungen des russischen Pilgers* gelesen hat, der weiß, daß diejenigen, die einen solchen Weg gehen, das »Herzensgebet« sogar bei Nacht schlafend sprechen. Es ist also von größter Bedeutung, daß du diese Übung mit in *deinen Alltag* nimmst! Wenn du zur Arbeit gehst, wenn du irgendwo warten mußt, wenn du untertags eine Pause hast, wenn du bei *Nacht nicht schlafen* kannst, wenn du aus der angespannten Aufmerksamkeit einer Arbeit kommst, lasse mit dem Atem deine Übung zu! Dieses Gebet soll dich von heute an *ständig begleiten!* Es soll dein Weg sein bis in den Tod. Es wird nach einiger Zeit von selbst in dir aufbrechen, ohne daß du daran gedacht hast. Erst dann, wenn diese Übung ihre Eigendynamik erhalten hat, wenn sie also von selbst in dir weitergeht, ohne daß du daran gedacht hast, bewußt wieder mit ihr anzufangen, bist du an den Punkt gekommen, wo sie wirklich zu deinem Gebet geworden ist. (Siehe S. 39)

Nächstenliebe

Manche meinen, der kontemplative Gebetsweg sei sehr egozentrisch. Es ist aber gerade das Gegenteil der Fall. (Siehe S. 69) Wer in seine eigene Tiefe findet, findet den andern. Das gemeinsame Leben wird so stark erfahren, daß es den andern nicht mehr gibt. Das Leid des andern ist mein Leid. Die Freude des andern ist meine Freude. Nächstenliebe ist nicht länger ein Gebot, sie ist eine Folge der tieferen Erfahrung des gemeinsamen göttlichen Lebens, das alles durchpulst. *Die Wolke* sagt daher mit Recht, daß der Mensch durch die Kraft der Kontemplation »so lauter und liebesfähig wird, daß er, vom Höhenflug dieses Werkes wieder zurückgekehrt, genauso gern mit seinem Feind wie mit seinem Freund, mit einem Fremden wie mit einem Verwandten, ja manchmal sogar lieber mit seinem Feind als mit dem Freund Umgang pflegt. Die Nächstenliebe verlangt es nämlich so, und es ist wichtig und richtig, daß man immer wieder von diesem Werk herabsteigt, um mit seinem Nächsten zu verkehren . . . ganz mit dem Werk aufzuhören, wäre jedoch eine große Sünde.« *(Wolke,* Kap. 25.) Man tut gut daran, dieses *Kapitel 25* der *Wolke des Nichtwissens* einmal ganz zu lesen.

Zwei Pole unseres Bewusstseins

Die Mystiker der verschiedenen Religionen und auch die Psychologen sprechen von zwei Polen in unserem Bewußtsein, sie sprechen vom Ich (Ego) und vom Selbst. Das Ich ist die Summe, der Brennpunkt der seelischen Kräfte: Denken, Fühlen, Wahrnehmen, Gedächtnisaktivität, Willensimpuls. Mit diesen Kräften unserer Psyche läßt sich aber das Selbst, unser wahres Wesen, nicht erfahren.

Das, was der Mensch sein Ich nennt, ist nicht seine wahre Mitte, sondern nur der Schnittpunkt dieser seelischen Kräfte, die ihm eine Permanenz seiner Existenz vortäuschen. Das

Selbst dagegen ist die Wesensnatur des Menschen, die in der Mystik verschieden benannt wird als: Seelenfunke bei Eckehart, Grund bei Tauler, innere Burg bei Theresia von Avila. Es ist das, was in der mystischen Union erfahren wird. Es ist wohl auch das, was die Synoptiker mit »Reich Gottes« und »Himmelsreich« bezeichnen oder das Johannes-Evangelium mit dem Begriff »ewiges Leben«.

Es geht also darum, durch unsere »Ich-Ebene« hindurchzustoßen, um auf die »Ebene« unseres Selbst zu gelangen. Solange unser Ich auf seiner »Ebene« aktiv ist, ist unsere Mitte, unser wahres Selbst, verdunkelt. Es ist so, wie wenn einer den Schlamm eines Teiches aufwirbelt und das Wasser damit undurchsichtig macht. Erst wenn sich unser Ich beruhigt hat, wenn sich alles abgesetzt hat, wenn es klar und durchsichtig geworden ist, können wir unsere Mitte, unser wahres Selbst, erfahren.

Damit ist aber nicht gesagt, daß unser Ich etwas Schlechtes wäre oder »abgetötet« werden müßte. Es ist das, was uns zu Menschen macht, und ist daher von größter Bedeutung. Unsere Übung zielt also letztlich auf die Ruhigstellung unseres Ich, damit neue Möglichkeiten des Begreifens und Erfahrens aus den Tiefenschichten unseres Bewußtseins erwachen können, die unser *Ichbewußtsein reinigen und transparant machen.*

Ziel des kontemplativen Betens

Gleichzeitig mit dem Begreifen und Erfahren aus den Tiefendimensionen unseres Bewußtseins widerfährt uns auch ein *tieferes Begreifen und Erfahren Gottes.* Denn es geht ja bei diesem Weg um einen Gebetsweg, um einen tieferen Kontakt mit Gott. Jede tiefere Erfahrung wird auch zu einer tieferen *Gotteserfahrung.*

Dieses Begreifen und Erfahren kann aber nur geschehen, wenn wir ohne Unterlaß auf diesem Weg voranschreiten. Das, was zunächst wie eine Verengung des Bewußtseins erscheint, ist in Wirklichkeit eine ungeheure Befreiung. Es geht nicht zuletzt auch darum, unser Besetztsein, unsere Aggressionen, unsere Stimmungen, unsere Ideen, denen wir gerade nachlaufen, loszuwerden. Anders gesagt, wir sollen das, wovon wir gleichsam besetzt sind, loslassen, um *frei* zu werden für Erfahrungen aus den Tiefen unseres Seins.

Das erreichen wir über die oben beschriebene Gebetsübung. Noch einmal soll gesagt sein: Nur der, der sich wirklich auf diese Gebetsübung einläßt, wird auf diesem Weg weiterkommen. Es ist ein Weg, auf dem der Mensch bis in seinen tiefsten personalen Kern hinein gewandelt wird. Aber es geschieht eben nur dann, wenn wir ganz entschlossen diesen Weg gehen und diese Gebetsübung zu unserem Lebensweg machen.

Das, was also wie eine Verengung des Bewußtseins aussieht, ist in Wirklichkeit eine *Erweiterung*. Erfahrungsgemäß werden im Menschen sehr bald neue Kräfte wach, die er bis dahin überspielt hat, die nicht zum Zug kamen. Die Erfahrung zeigt auch, daß viele, die den Weg gehen, plötzlich in bestimmten Bereichen aktiv und kreativ werden. Sie entfalten Anlagen, die sie bis dahin gar nicht wahrgenommen haben. Aber das sind nur Randerscheinungen.

Es geht wesentlich um eine *tiefere Form des Betens*. Wenn wir beharrlich auf diesem Gebetsweg weiterschreiten, werden wir bald merken, daß uns diese Form des Betens einen großen inneren Frieden bringt. Oft gesellt sich dazu, was wir eine tiefe verhaltene Freude nennen. – Es kann auch sein, daß unser Bewußtsein sich in einer traurigen, verhangenen Weise vereinheitlicht.

Der sichere Erfolg dieses Weges aber ist, daß unser Inneres ruhig wird, daß wir gelassen werden, daß wir dem Leben – auch unseren Problemen und Schwierigkeiten, die sich aus dem Alltag ergeben – zuversichtlicher gegenüberstehen.

Schwierigkeiten auf dem Weg

Dieser Weg ist natürlich nicht ohne Schwierigkeiten. Was wir zuerst entdecken, ist wahrscheinlich, daß wir nicht Herr in unserem Haus sind, daß unser Ich uns beherrscht, ja tyrannisiert. Nicht einmal einen Atemzug lang gelingt es uns, so da zu sein, wie wir eigentlich wollen. Unser Ich liefert uns ständig neue Gedanken, neue Ideen, neue Impulse, neue Vorhaben. Es fällt uns sehr schwer, das alles zurückzulassen, damit nur noch unser Wort in unserem Bewußtsein ist. Wenn wir endlich längere Zeit bei unserem Wort verharren können, stellen wir fest, daß als erstes gar nicht Ruhe und Friede auftauchen. Wir stoßen häufig auf Aggressionen, auf Angst, die uns hindern wollen, diesen Weg zu gehen. Hier gilt vor allem, daß wir nichts verdrängen von dem, was aus der Tiefe unseres Bewußtseins aufsteigt.

Wir lassen alles dies ans Tageslicht kommen, schauen es an und wenden uns wieder unserer Übung zu. Wenn ich Angst annehmen kann, dann meistere ich sie. Angst ist nur schlimm, wenn sie zur Panik wird. Freude ist eine köstliche Angelegenheit. Euphorie dagegen besetzt mich, und ich bin nicht mehr Herr meiner selbst. Alle weitreichenden Extreme bringen mich aus meiner Mitte.

Weitere Schwierigkeiten, die auftauchen können, sind *angstbesetzte Kindheitserlebnisse,* die wir nicht verarbeitet haben. Es können auch spätere Erlebnisse sein, die uns zugestoßen sind und die wir dann verdrängt haben. Sie sind zu einem störenden Komplex in unserem Inneren geworden. Handelt es sich um ganz normale Erscheinungen, lassen wir sie zu, schauen sie an und legen sie weg. Damit sind sie meistens verarbeitet, »entstört«. Handelt es sich aber um wirkliche Neurosen oder um angstbesetzte Erscheinungen, mit denen wir nicht fertig werden, so ist unbedingt der Rat eines Fachmannes einzuholen.

Im Laufe der Versenkung findet eine Umschaltung vom sympathischen Nervensystem auf das parasympathische Nervensystem statt. Dies geschieht bei jedem Menschen und ist eine Voraussetzung für die Ruhigstellung des Körpers und den Eintritt der ruhigen Tiefatmung. Die Hirnforscher haben festgestellt, daß der Teilung des Hirns in die beiden Hemisphären auch eine Verschiedenheit der Art des Denkens entspricht. Die eine ist mehr für das diskursive, analytische, praktische Denken, die andere mehr für das rezeptive, intuitive Erfassen verantwortlich. Beide Hirnhälften scheinen je selbständig zu arbeiten und dann ihre Ergebnisse untereinander auszutauschen. Daraus entwickelt sich dann das fertige »Denkprodukt«. Die westliche Welt hat leider die eine Gehirnhälfte, nämlich die des analytischen, diskursiven Denkens, offensichtlich stärker entwickelt und gebraucht als die Hälfte, die der Zulassung und Verarbeitung von Intuitionen dient.

Unsere Gesellschaft ist darauf bedacht, vor allem die intellektuelle und praktische Denkfähigkeit der einen Gehirnhälfte zu entwickeln. Vom Kindergarten bis zur Universität werden vor allem unsere intellektuellen Fähigkeiten geübt. Es fehlen uns sogar die Methoden, die intuitiven Fähigkeiten im Gebrauch der anderen Hirnhälfte zu entwickeln. Wir sind immer geneigt, die Entwicklung der musischen Talente in den Schulen aller Jahrgänge als ziemlich unwichtig und nicht unbedingt notwendig zurückzustellen zugunsten der geisteswissenschaftlichen und naturwissenschaftlichen Ausbildung.

Aber nur ein wirklich ausbalancierter Mensch, bei dem die rechte und die linke Gehirnhälfte in gleicher Weise entwickelt sind und funktionieren, ist wohl in der Lage, ein vollwertiges Glied der menschlichen Gesellschaft zu sein. Das gilt für jede Form von Gemeinschaft und Kommunikation. Es geht also auf diesem Gebetsweg nicht darum, irgendwelche Anlagen unserer Psyche verkümmern zu lassen. Im Gegenteil, es geht darum, alle Anlagen unserer Psyche zu entwickeln, um als ganze

Menschen, mit allem, was uns als »Bild Gottes« geschenkt ist, zur Vollendung zu gelangen.

Zwei Aspekte – Eine Wirklichkeit

Diese biologische Grundlage der Kontemplation hat eine spirituelle Entsprechung, die als Bild oder Symbol in der Mandorla dargestellt ist.

Die Mandorla ist der Teil, in dem zwei Kreise sich überlappen. Mandorla und Mandala haben dasselbe indogermanische Wort als Stamm. Die Mandorla wurde in Ost und West oft benutzt, um die *zwei Aspekte der Wirklichkeit* darzustellen: das *Göttliche und das Menschliche,* das Spirituelle und das Materielle, das Himmlische und das Irdische. Die Mandorla ist die Stelle, wo die beiden Aspekte der Wirklichkeit in Eins zusammenfallen.

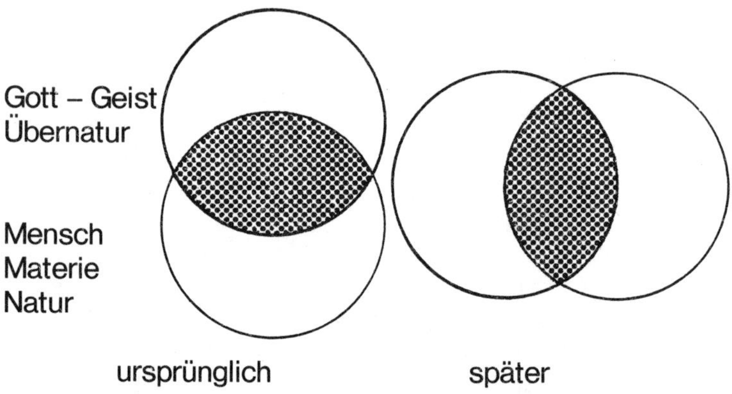

Ursprünglich lag die Mandorla horizontal, der Kreis, der das Göttliche bezeichnet, war oben, der Kreis, der das Irdische bezeichnet, unten. Im Laufe der Zeit wurde die Mandorla jedoch gedreht. (Dictionary of Symbols, Cirlot, 1978; vergl. Bildband Japan, Herder 1981, Bildbelege Nr. 271-291.)

Die Mandorla kennzeichnet die Vereinigung der scheinbaren Gegensätze, die *Conjunctio Oppositorum* oder, wie Nikolaus von Kues sagen würde, *Coincidentia Oppositorum.* Es ist die bipolare Einheit. Nur unser Ich kennt zwei Seiten der Wirklichkeit; unser wahres Selbst erlebt sie als Einheit und Harmonie. In der Mandorla fallen die beiden Aspekte zusammen. Nikolaus von Kues schreibt: »Ich habe den Ort gefunden, in dem man Dich unverhüllt zu finden vermag. Er ist umgeben von dem Zusammenfall der Gegensätze (Coincidentia Oppositorum). Dies ist die Mauer des Paradieses, in dem Du wohnst. Sein Tor bewacht höhster Verstandesgeist (spiritus altissimus rationis). Überwindet man ihn nicht, so öffnet sich nicht der Eingang. Jenseits der Mauer des Zusammenfalls der Gegensätze vermag man Dich zu sehen; diesseits aber nicht.« (Studienausgabe III., S. 133.)

Unser menschlicher Reifungsprozeß besteht darin, diese beiden Kreise immer mehr zur Deckung zu bringen, zur Einheit zu führen. Auf diese beiden Aspekte, die in Wirklichkeit eins sind, wird auch im Christentum öfters hingewiesen. Wenn Jesus z.B. sagt: »Jeder, der mich gesehen hat, hat den Vater gesehen.« (Joh. 14,9.) Oder: »Ihr werdet erkennen, daß ich mit meinem Vater untrennbar Eins bin.« (Joh. 14,20.) Noch deutlicher sprechen manche Apokryphe von dieser Einheit. So steht z.B. im Thomas-Evangelium: »Wenn ihr die Zwei zu Einem macht, werdet ihr Söhne des Menschen werden.« (Logion 106.) An einer anderen Stelle heißt es: »Wenn ihr die Zwei zu Einem macht, und wenn ihr das Innere wie das Äußere macht, das Äußere wie das Innere und das Obere wie das Untere, und wenn ihr das Männliche und das Weibliche zu einem Einzigen macht, damit das Männliche nicht männlich und das Weibliche nicht weiblich ist, dann werdet ihr ins Reich eingehen.« (Logion 22.)

Die Wirklichkeit hat zwei Aspekte. Wenn wir in *einem* Extrem steckenbleiben, sind wir nicht ganz. Wir wissen alle, daß wir uns im Materiellen leicht verlaufen können. Es gibt aber auch Menschen, die sich im Spirituellen verlaufen, auch das ist nicht die ganze Wirklichkeit. Das würde uns aus der Balance werfen, aus der Ganzheit hinausdrängen. Natur und Übernatur sind gleichwertige Partner, wir haben sie als Menschen in Harmonie zu bringen, so wie Jesus Christus sie als Gott-Mensch in Harmonie gebracht hat.

In Jesus Christus sind diese beiden Seiten zur Deckung gekommen. Er war *Gott und Mensch.* In ihm waren beide Seiten nicht nur ausbalanciert, sondern wirklich integriert, sie waren *Eins.* Diesem Jesus Christus sollen wir gleichgestaltet werden. Es geht daher nicht um eine Imitatio, um eine Nachahmung; es geht vielmehr um eine Conformatio, um eine Gleichgestaltung. In Jesus Christus leuchtet das Göttliche im Geschöpflichen auf. In ihm ist Gott gleichsam personalisiert, in ihm ist er auch Geschöpf. Das Göttliche und das Menschliche sind nicht nur verklammert, sie sind Eins, und so ist Jesus Christus der Typus für alles Geschaffene. So wie in ihm die Nichtzweiheit aufleuchtet, ist sie eigentlich allem Geschöpflichen eigen, nur können wir sie nicht erfassen.

Das ist es im Grunde, was die Mystik erreichen will, die »Unio«. Der Akzent liegt auf Unio, auf Eins. Solange ich erfahre, ich *bin* Eins mit etwas oder jemand, sind das immer noch Zwei. Es ist die Einheit, das *Eins,* das in der Mystik erfahren wird.

Die gleiche Aussage macht auch der *Davidstern.* Er ist älter als das Judentum. Er ist ein Mandala, das aus Zentralasien stammt. Wie die Mandorla bei zwei Kreisen haben hier zwei Dreiecke einen gemeinsamen Teil.

Das Mandala will zeigen, daß der Endzustand des Menschen so sein soll, daß die beiden Dreiecke sich im Laufe seiner Entfaltung drehen, bis die beiden Aspekte der Wirklichkeit, die beiden Dreiecke, zu einem einzigen Dreieck werden. Das ist das eigentliche Ziel der mystischen Erfahrung.

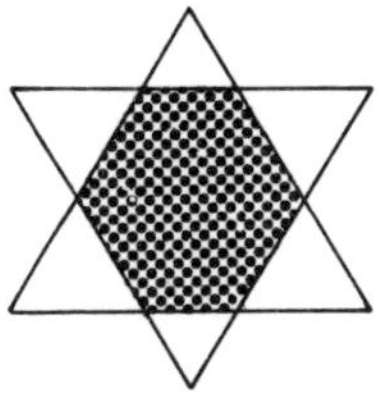 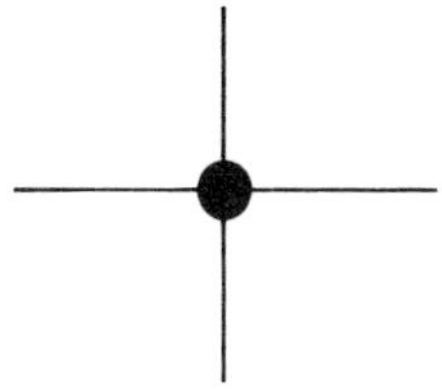

Etwas Ähnliches sagt uns auch das *Kreuz*. Das Kreuz ist älter als das Christentum. Auch das Kreuz ist ein Mandala, das sowohl im Osten wie im Westen auftritt. In Japan z.B. werden alle Tempel auf Stadtkarten mit einem leichtgeschwungenen Kreuz signiert.

Das Kreuz (die Horizontale + die Vertikale) versinnbildlicht die beiden Aspekte der Wirklichkeit: Natur und Übernatur; Mensch und Gott; Materie und Geist. Ich kann mich sowohl in der Horizontalen verlaufen, im Materiellen, wie ich mich auch in der Vertikalen im Spirituellen verlaufen kann. Jedes gesondert macht nicht den ganzen Menschen aus. Der wirkliche Standpunkt des Menschen ist genau dort, wo die beiden Balken eins sind, wo Horizontale und Vertikale einander treffen.

Dieser Gebetsweg ist also ein Weg der Persönlichkeitsentfaltung, ein Weg der Reife, der Ganzwerdung. Es geht, da es ein Gebetsweg ist, um eine tiefere Erfahrung des Göttlichen in uns und in der Welt. Diese Erfahrung wird dem geschenkt, der beharrlich auf diesem Weg geht. – Beharrlichkeit, innere Ausrichtung auf Gott, Hingabe, Liebe, Vertrauen sind eine Voraussetzung für diesen Weg und unerläßlich. Der Weg führt in eine Tiefe, in der Gott und die Welt umfassender erfahren werden als auf der Ebene des Intellektes, als auf der Ebene des Ich. Das ist das eigentliche Ziel dieses Gebetsweges.

Jeder Mensch, der durchgebrochen ist in diese Erfahrung, weiß, jetzt bin ich dort, auch wenn er das, was er erlebt hat, nicht beschreiben kann. Entscheidend ist auch nicht das, was er darüber aussagt, sondern die Kraft, die ihm daraus für sein

Leben zufließt. An ihren Früchten werdet ihr sie erkennen! Nirgendwo gilt dieses Wort mehr als in Beziehung zu dieser mystischen Erfahrung. – Sie bestimmt unser Leben in einer radikalen Weise, sie ändert es und richtet es aus. Wir werden erkennen, daß zwischen dem Heiligen und dem »ganzen Menschen« kein Unterschied ist. Im Idealfall sieht man dem Mystiker seine Erfahrung nicht mehr an. Er lebt wie jedermann. Das, was er erfahren hat, verwirklicht er in seinem Alltag.

So ist der *Mystiker ein ganz gewöhnlicher Mensch.* Wir haben uns daran zu gewöhnen, daß der *»normale Mensch« der Zukunft ein Mystiker ist* und nicht umgekehrt. Es ist nicht einzusehen, warum die Entfaltung des »Imago Dei« auf der jetzigen Stufe zu Ende sein soll.

Führung auf dem Weg

Wer den Weg in die Kontemplation betritt, sollte sich nach einer Führung umschauen. Es ist unter den Christen eine alte Tradition, daß man die Weisung eines „Spirituals oder Beichtvaters" erbittet. Die Schwierigkeit liegt jedoch darin, daß nur wenige Geistliche einen solchen Weg selber gegangen sind. Nicht wenige stehen ihm sogar mit Mißtrauen gegenüber und raten eher ab als zu. Johannes vom Kreuz hat sich darüber schon bitter beklagt, wie man in seinem Buch *Die lebendige Liebesflamme* im dritten Kapitel nachlesen kann.

Am besten schließt man sich einer Gruppe an, die eine solche kontemplative Gebetsübung gemeinsam praktiziert. Diese Gruppe weiß dann auch meistens, wo man sich Rat und Führung holen kann. In manchen Exerzitienhäusern werden auch Kurse abgehalten. Man muß jedoch aufpassen, ob es wirklich Kurse sind, die eine *gegenstandsfreie Meditation* einüben.

Ein geistlicher Führer ist immer ein Führer zur eigenen Erfahrung. Daher sollte ein solcher Weg nie in die Abhängig-

keit führen oder in eine persönliche Bindung. Es geht auf dem Weg der Kontemplation auch um die Integration der Erfahrung in den Alltag. Der Mensch täuscht sich leicht selber, wenn er nicht das Gespräch mit dem Gegenüber hat.
Vor allem braucht der Einzelne die Führung, wenn er in psychische Schwierigkeiten kommt oder in das, was die Mystik die passive Reinigung nennt. Zeiten der Mutlosigkeit, der Verlassenheit, ja der Verzweiflung sind keine Seltenheit. Die Mystik kennt solche Phasen und hat sie mit dem lateinischen Ausdruck *Horror vacui,* Horror vor der Leere benannt. Dann sollte man unbedingt Hilfe bei einem bewährten geistlichen Leiter suchen.
In früheren Zeiten glaubte man, dieser Gebetsweg sei nur für einige auserwählte Seelen geeignet. Die Erfahrung zeigt aber, daß gar nicht wenig Menschen ohne jede Vorbereitung eine solche mystische Erfahrung zuteil werden kann und daß andere, wenn sie ernsthaft den Weg der Kontemplation gehen, sich für dieses Geschenk bereiten können. Die *Wolke des Nichtwissens* gibt uns einige Kriterien für die Berufung. (S. 89, 90, 91).

Jesus Christus in der Kontemplation

Manche fragen nach der Bedeutung Jesu Christi in der Kontemplation. Die Kontemplation ändert nichts am Jesus Christus unseres christlichen Glaubens. Sie soll im Gegenteil den Glauben an Jesus Christus aus der Erfahrung heraus vertiefen. Der Glaube erhält aus der Erfahrung seine eigentliche Bestärkung. Bei Johannes sagt Jesus in den Abschiedsreden zu seinen Jüngern: „Ich sage euch die Wahrheit: Es ist gut für euch, daß ich weggehe, denn wenn ich nicht weggehe, wird der Helfer nicht zu euch kommen."

Von den Mystikern, vor allem aber von Johannes vom Kreuz, wird diese Stelle immer so ausgelegt, daß die Gestalt Jesu zurücktreten muß, damit der eigentliche Jesus Christus erfahrbar wird. Ich muß alle Vorstellungen von Jesus loslassen, damit der Christus in Erscheinung treten kann. Es ist gut, in diesem Zusammenhang einmal die Kapitel 10 bis 14 im 2. Buch des Aufstieges zum Berge Carmel zu lesen oder Teil II Nr. 13,17,27).

Johannes vom Kreuz sagt dort, daß der Mensch in der Kontemplation alles fliehen soll, was über die leiblichen Sinne kommt. Er meint, daß Jesus aus diesem Grund auch zu Maria Magdalena und Thomas gesagt hat, rühr mich nicht an: „Verachtet man sie (mit den Sinnen erfaßbare Dinge) nicht, so behindern sie den Geist; denn die Seele hält sich dabei auf und der Geist fliegt nicht zum Unsichtbaren, dies ist einer der Gründe, die den Herrn zu den Jüngern sagen ließ, es sei gut, wenn er hingehe, auf daß der Heilige Geist komme (Jo 16,7). Ebenso beließ er als Auferstandener Maria Magdalena nicht zu seinen Füßen (Jo 20,17).

Im Kap. 12 sagt Johannes vom Kreuz das Gleiche von der Einbildungskraft und der Phantasie und im Kap. 13 und 14 gibt er die Gründe an, warum und wann der Mensch eintreten soll in das kontemplative Gebet. Von diesem Zeitpunkt an, muß er alle Bilder und Vorstellungen von Jesus während dieses kontemplativen Gebetes zurücklassen.

In der Kontemplation geht es um einen Wandlungsprozeß und nicht so sehr um einen Nachahmungsprozeß. Im Menschen soll stattfinden, was in Jesus Christus stattgefunden hat. Jesus Christus, der ganz Gott ist und ganz Mensch, ist der Typus für jeden Menschen. Jeder ist mit der gleichen Aufgabe, wie er, konfrontiert. Jeder hat das Göttliche in sich ungehindert zum Ausdruck kommen zu lassen. Der Mensch soll Jesus gleichwerden im Vollzug seines eigenen Lebens. Nicht so sehr die Imitatio als vielmehr die Konformatio spielt dabei eine Rolle. Es geht um die Freilegung des Göttlichen in uns, so wie es in Jesus Christus offenbar war. Der Erlösungsprozeß in uns zielt auf einen Christ-Werdungsprozeß, ja auf einen „Gott-Werdungsprozeß“. Psychologisch gesehen solle es zu einem Individuationsprozeß und Ganzwerdungsprozeß führen. Der

Mensch, in dem alle Potenzen entfaltet sind, ist das eigentliche Ziel.

Diese Transformation führt durch die aktive und passive Reinigung. Nach Johannes vom Kreuz hat Jesus die Welt in der Kenosis, in der letzten Entäußerung am Kreuz erlöst und das ist jedem betenden Menschen beschieden, wenn er den Weg der Kontemplation geht. In diesem Zusammenhang ist es gut, einmal in seinem Buch „Aufstieg zum Berg Carmel" im 2. Buch Kap. 7 die Nr. 11 u. 12 zu lesen. Hier steht, daß Jesus das Erlösungswerk vollbracht hat in seiner tiefsten Erniedrigung (Kenosis).

Jesus Christus in dieser Vernichtung gleich zu werden, ist der höchste Stand, den die Seele erreichen kann. Dieser höchste Stand besteht im erlebten Kreuzestod, sinnlich und geistig, innerlich und äußerlich. Für Johannes vom Kreuz ist die Gleichgestaltung mit Jesus Christus in seiner tiefsten Entäußerung die Voraussetzung für die mystische Erfahrung. Diese Entäußerung gilt auch für religiöses Erleben, Vertröstungen, Visionen, Elevationen, ekstatische Erfahrungen usw.

Er schreibt in diesem 7. Kap. des 2. Buches: „Der im Geist strebende möge daraus das Geheimnis der Türe und des Weges Christi zur Vereinigung mit Gott entnehmen und erkennen, nämlich, daß er sich um so inniger mit Gott vereint und umso Größeres wirkt, je mehr er sich in beiden Bereichen, im Sinnlichen und im Geistigen, vernichtet". „Wer sich Gott unter einem Bilde denkt gleich einem großen Feuer oder lichten Glanz oder wie immer, und meint, dies sei Ihm ähnlich, geht sehr in die Irre. Den Anfängern sind solche Erwägungen und Bilder und Betrachtungsweisen nötig, um durch Sinnenhaftes die Liebe zu mehren und die Seele zu nähren."

Wirkliches Kennen Jesu Christi ist für Johannes v. Kreuz Gleichgestaltung mit Jesus Christus und er bedauert sehr, daß das von denen, die viel über Jesus Christus reden und sehr gelehrt sind, nicht auch verkündet wird: „Ich sehe, daß Christus von jenen, die sich für seine Freunde halten, sehr wenig gekannt wird . . . – den großen Gelehrten und Machthabern und ihres gleichen, die da mit der Welt leben –, sie kennen Christus nicht. Solchen Leuten hätte es ja vor allem geziemt, das Wort Gottes zu künden, da Gott sie durch Gelehrsamkeit und hohen Stand zu Ansehen erhoben hat".

Das Göttliche schläft in jedem Menschen, wie ein Samenkorn. So wie es sich im Menschen Jesus Christus entfaltet hat, soll es auch in jedem Menschen erwachen und sich entfalten. Jesus Christus war ganz transparent. Gott leuchtete durch ihn hindurch, er leuchtete in ihm auf. Das gleiche hat auch mit uns zu geschehen, Gott möchte sich in uns entfalten, sich zeigen, sich auswirken, sich darstellen. So wie Paulus gesagt hat: „Mit Christus bin ich gekreuzigt, ich lebe, doch nicht mehr als ich, sondern Christus lebt in mir" (Gal 2,19 ff). (Vergleiche auch Johannes v. Kr. Geistlicher Gesang I,9)

Es geht also darum, das Göttliche in uns zuzulassen, ihm Raum zu geben. Nicht die ethische Bemühung steht im Vordergrund, sondern die Entfaltung dessen, was in uns lebt. Dann wird auch das Tun des Menschen ein „Tun Gottes".

Entfaltung des kontemplativen Weges

Im folgenden werden die Stufen dieses Gebetsweges kurz aufgezeigt. Man muß sich dabei im klaren sein, daß es sich um ein Modell handelt. Die einzelnen Stufen mit ihrem Ankommen sind vertauschbar. Manches kann im Menschen eher aufbrechen, manches später. Manches, was in diesem Modell hintereinander gesetzt ist, kann gleichzeitig erfahren werden. Für den einen oder anderen treffen hier genannte Schwierigkeiten nicht zu, er bleibt davon verschont. Auch die Erfahrung selber wird sich in jedem Menschen entsprechend seiner physischen und psychischen Struktur ausdrücken.

Ausgangspunkt:

religiös: Sehnsucht nach Gott;
psychologisch: psychische Energie, die zur Entfaltung

drängt;
anthropologisch: Suche nach dem Lebenssinn.

Äußere und innere Schritte:
religiös: Abgeschiedenheit – Armut – Abtötung – Losschälung – Weltverachtung – Selbstverleugnung.
psychologisch: Loslassen – frei werden – nicht besetzt sein.

Hilfen auf dem Weg:
religiös: Atem – Wort – Liebendes Aufmerken – Schauen ins nackte Sein – Ruminatio
psychologisch: Bewußtseinssammlung – Bewußtseinsvereinheitlichung.

Erste Reinigung: (aktive Reinigung):
Auflösung von Verdrängungen und angstbesetzten Erlebnissen – Integration des Schattens – Stärkung des Ich (ausbalanciertes Selbstwertgefühl) – Reinigung des persönlichen Unbewußten.

Erste Erfahrung:
religiös: Licht, Freude, Ruhe, Einheit, Weite.
psychologisch: Transpersonale Erfahrung.

Einstieg in die Tiefe des Bewußtseins:
religiös: Passive Reinigung – Transformation durch Aufarbeitung tiefer psychischer Störungen – Horror Vacui – Wüste – Dunkle Nacht, Leere, Nichts, Mystischer Tod – totales Loslassen.
psychologisch: Angst, Verzweiflung
Despression – (dazwischen liegen aufgehellte Zeiten) Ablösung vom Egobewußtsein – Aufhellung (Reinigung) des kollektiv Unbewußten.
Ohne „großen Tod“, kein „großes Leben“.

Körperliche Symptome:

Ausgebrannt werden von Feuer – Druck – Versteifung – der Körper fühlt sich an wie eine einzige offene Wunde.

Die Mystik spricht von *verschiedenen „Organen"* der Erfahrung:

Seelenfunke (Eckehart) – Grund (Tauler) – Nicht wissen (Wolke des Nichtwissens) – Innere Burg (Theresia) – das tiefste Zentrum (Johannes vom Kreuz)

Dieses Organ des Erfahrens ist in seiner oberen Spitze göttlich. D.h. wenn der Mystiker von „innen her" erfährt, ist da auch kein Organ mehr mit dem erfahren werden könnte. Es ist dann nur noch Erfahrung und nicht mehr, ich erfahre mit einem Organ ein Anderes.

Andere Bezeichnungen für die tiefste Form des Schauens:

religiös: Mystische Union – kontemplatives Schauen.
psychologisch: Kosmisches Bewußtsein – Totalerfahrung des Bewußtseins – Erfahrung des Nicht-Ich – Der Mensch erfährt sich als der, der er wirklich ist.

Ziel der Erfahrung: Mystische Union

Die höchste Stufe der Erfahrung kennt in der Mystik zwei Formen:

1. Erfahrung von *Einswerden.* Der Mensch erfährt sich als *eins mit allen Dingen.* Eine Erfahrung durch die Sinne, (Sehen, Hören, Schmecken) weitet sich aus in eine Erfahrung des gleichen Lebens in allem was existiert. Es wird eine lebende Präsenz des Göttlichen in allem erfahren. Nichts ist Tod. Alles ist lebendig und partizipiert am gleichen göttlichen Leben. Die Erfahrung ist begleitet von Freude, Friede und Glück. Dazu kommt auch eine Erkenntnis, daß alles heilig und geweiht ist. Was wirklich erlebt wird, ist nur schwer in Worte zu kleiden. Die Artikulierung mystischer Erfahrung

darf man nicht literarisch deuten. Es ist wichtig, hinter die Worte zu schauen. Die mystischen Aussagen sind oft paradox und wollen nur auf die eigentliche Wirklichkeit hinweisen, sie aber nicht beschreiben.

2. Die *tiefste Form* der mystischen Erfahrung ist jedoch die der *Einheit.* Da ist nur noch Eins (Unio). Im Unterschied zur oben beschriebenen Erfahrung. Die das Leben in allem Seienden beschreibt, ist nur noch *göttliches Sein.* Das eigentliche Charakteristikum ist *Leere,* aus der alle Erscheinungsformen kommen. Intellektuelle und empirische Elemente sind ausgeschlossen. Auch Raum und Zeit existieren nicht mehr. Der Mensch erfährt sich als letzte Wirklichkeit. Der Mystiker wird jedoch nie sagen: Ich bin Gott, weil das eine Aussage auf der Ego-Ebene wäre und damit nicht mehr stimmen würde. Er sagt vielleicht: Da ist nur Gott oder da ist nichts außer Gott. Gott ist nicht mehr Objekt sondern Subjekt. Das Schauen wird zum Schauen selber. Der Mensch ist selber, was er sieht. Er sieht von Innen. Alle Erscheinungsformen verlieren ihre Eigenständigkeit, sie sind was sie sind und werden als Vollzug der letzten Wirklichkeit erfahren. Jeder Augenblick ist ganz und in jedem Ding wird das Ganze erfahren. Die Welt ist Ausdruck des Göttlichen. Die Dinge haben keine Identität in sich, sondern ihre Identität ist Gott. Johannes vom Kreuz verweist auf diese Erfahrung mit folgenden Worten:
„Eine jede dieser bekundeten Herrlichkeiten ist Gott, und sie alle zusammen sind Gott. Da sich die Seele in diesem Zustand mit Gott vereinigt, fühlt sie, wie alle Dinge Gott sind, so wie der Apostel Johannes es fühlte und aussprach: „Was geschaffen wurde, das war in ihm Leben." Solches Erleben der Seele besagt nicht, daß sie die Dinge in klarem Licht oder die Kreaturen in Gott sieht, sondern daß sie in ihrer *Gotterfülltheit empfindet, daß ihr alle Dinge Gott sind.*"
(Lied der Liebe VIV,5)

Eckehart drückt das Gleiche mit etwas anderen Worten aus. Er meint, daß wir die Dinge zu durchbrechen haben, um sie richtig zu erfahren. Wir müssen sie von innen her erleben. Dann schmecken sie alle nach Gott:
„Wer Gott so (d.h. im Sein) hat, der nimmt Gott göttlich, und dem leuchtet er in allen Dingen; denn alle Dinge schmecken ihm nach Gott, und *Gottes Bild wird ihm aus allen Dingen* sichtbar . . .
Dieser Mensch findet weit mehr Lob vor Gott, weil er alle *Dinge als göttlich und höher erfaßt,* denn sie in sich selbst sind. Traun, dazu gehört . . . wirkliches Wissen darum, worauf das Gemüt gestellt ist mitten in den Dingen und unter den Leuten. Dies kann der Mensch nicht durch Fliehen lernen, indem er vor den Dingen flüchtet und sich äußerlich in die Einsamkeit kehrt; er muß vielmehr eine innere Einsamkeit lernen, wo und bei wem er auch sei. Er muß lernen, die Dinge zu durchbrechen und seinen Gott darin zu ergreifen und den kraftvoll in seiner wesenhaften Weise in sich hineinbilden zu können." (Quint, Meister Eckehart, München 1963, S. 61.16.)
Auch diese letzte Erfahrung bleibt für den Mystiker eine vorläufige. „Solch Empfangen . . . darf nicht als bereits vollkommene und klare Gottesschau verstanden werden, gleich jener im Himmel. Ist diese Gotteserfahrung auch frei von Unwesentlichem, so ist sie dennoch nicht klar, sondern dunkel. Sie ist die Wesensschau, die nach den Worten des Areopagiten in diesem Leben ein dunkler Strahl ist, und so können wir ihn Strahl einer schattenhaften Gottesschauung nennen, eine Schauung in dem für sie aufnahmefähigen Erkenntnisvermögen." (Lied der Liebe XIV,5)

Beispiele aus der christlichen Mönchstradition zum Atem

Die folgenden Zitate sollen nicht sagen, wie man atmen soll, es ist besser, sich an das zu halten, was im Kapitel über den Atem gesagt worden ist. Diese Beispiele sollen uns nur zeigen, daß auch in der christlichen Mönchstradition der Atem beim kontemplativen Beten eine Rolle gespielt hat.

Die Beispiele sind aus der *Philokalia,* einem Buch, das uns vom Gebetsleben der Mönche in der Ostkirche berichtet.

> Dir ist ja bekannt, Bruder, wie wir atmen: Wir atmen ein und aus. Ohne das ist Leben unmöglich. Wenn Du Dich also in Deiner Zelle niederläßt, sammele Deinen Geist, binde ihn an den Atem, durch den die Luft in Dich einströmt, zwinge ihn durch Dein Einatmen in Deine Mitte und lasse ihn dort. Laß ihn dort, aber nicht still und müßig, sondern mit folgendem Gebet: »Herr Jesus, Sohn Gottes, erbarme Dich meiner.« Das soll ihn immer beschäftigen, nie soll er damit aufhören (S. 192).

> Ein Mensch, der das lernen möchte, sollte wissen, daß, wenn man den Geist daran gewöhnt hat, durch das Einatmen in die innere Mitte zu kommen, man auch praktisch gelernt hat, ihn in dem Augenblick, in dem er sich anschickt in die innere Mitte zu gelangen, von jeglichem Gedanken befreit zu haben, so daß er einfach wird und bloß, frei von allen Erinnerungen, außer jenem Ruf zum Herrn Jesus Christus (S. 193).

> Der hl. Johannes von der Leiter sagt: »Dein Denken an Jesus verbinde sich mit Deinem Atem, dann erst wirst Du den Sinn des Schweigens verstehen.« Hesychius lehrt: »Möchtest Du wirklich Schweigen bewahren wie Du eigentlich solltest und ohne Anstrengung wachen Herzens sein, dann binde das Jesus-Gebet an Deinen Atem« (S. 194).

Um bei dieser Methode Erfolg zu haben, ist die Hilfe Gottes und das Anrufen unseres Herrn Jesus Christus am wichtigsten. Mit der natürlichen Methode allein durch Atem und Aufsuchen eines ruhigen und nicht zu hellen Platzes, läßt sich die innere Sammlung nicht erzwingen. Die heiligen Väter ersannen diese Methode nur dazu, um die Gedanken zu sammeln, den Geist, der normalerweise zerstreut umherflattert, zu sich selbst zurückzubringen und seine Aufmerksamkeit zu konzentrieren. Wenn Du abends in Deine vom Dämmerlicht erfüllte Zelle kommst, dann setze Dich auf einen niedrigen Hocker, sammle Deinen Geist, der normalerweise umherschweift, und führe ihn durch Dein Atmen, das Du mit dem Gebet: »Herr Jesus, Sohn Gottes, erbarme Dich meiner« verbindest in Deine innere Mitte. Hesychius schon hat das gelehrt, indem er sagte: »Verbinde mit Deinem Atmen Ernst und den Namen Jesus und vergiß dabei nicht Deinen Tod und die Tugend der Demut, denn all das wird Dir großen Nutzen bringen« (S. 195).

Philokalia

Über das Lassen der Gedanken und der Sinneswahrnehmung bei den Mönchsvätern

Die folgenden Abschnitte sind von Evagrius Ponticus, einem Mönchsschreiber, der im 4. Jahrhundert gelebt hat. In seinen Aufzeichnungen *Kapitel über das Gebet* hat er uns wichtige Hinweise gegeben, wie die alten Mönche das kontemplative Gebet pflegen sollen. Im folgenden einige Abschnitte daraus:

Wenn Du betest, dann stelle Dir die Gottheit nicht durch irgendein Bild vor, das Du in Dir selbst geformt hast. Hüte Dich auch davor, daß sich Dein Geist mit irgendeiner besonderen Form beschäftigt, sondern frei von aller Form, richte ihn auf das formlose Sein, denn nur so wirst Du Erkenntnis erlangen (S. 66).

Du wirst nicht zum reinen Gebet kommen, wenn Du in Geschäften steckst, die sich mit materiellen Dingen befassen und Du daher unaufhörlich in der Sorge um sie beunruhigt bist. Denn wer betet, muß sich von den Gedanken befreien (S. 70).

Wenn Du betest, dann kümmere Dich nicht um die Bedürfnisse Deines Leibes, sonst könntest Du wegen eines Flohbisses oder wegen einer Laus, einer Fliege oder einem Moskito jener unübertroffenen Gabe Schaden zufügen, die Du im Gebete erhältst (S. 105).

Beim Beten darfst Du Dir auf keinen Fall ein Bild von irgend etwas machen, Du darfst Dir nichts vorstellen (S. 114).

Glücklich ist jener Geist, der während des Gebetes frei ist von allem Gegenständlichen, ja sich aller Gedanken entledigt hat (S. 119).

Glücklich ist der Geist, der während des Gebetes vollständig frei ist von aller sinnenhaften Erfahrung (S. 120).

Jenes Gebet ist noch nicht vollkommen, wenn der Mönch, der betet, weiß, daß er betet (Cassian).

Evagrius Ponticus

Ein Text über das lange und andauernde Üben

Cassian war ein anderer Mönch, der uns vom Gebetsleben der Eremiten und der Mönche in der Wüste berichtet hat. Von ihm stammen die sogenannten *Collationes,* in denen er die Konferenzen des Abtes Isaak aufnotiert hat. Er spricht hier von einem kurzen Gebet: »O Gott, komm mir zu Hilfe, Herr, eile mir zu helfen.« Dieses Gebet, das ähnlich wie das Jesus-Gebet ständig gesprochen wurde, war eine der Gebetsformeln der alten Mönche. Entscheidend war und ist, daß man sie ständig wiederholte. Ganz egal, was man tat oder wo man sich befand. Sie sollte so eingeübt werden, daß sie selbst im Schlaf weiterging. Cassian berichtet uns wie folgt davon:

> Das Gebet dieses Verses soll also mit unablässiger Stete gepflegt werden bei Widrigem, damit wir errettet werden, bei Günstigem, damit wir bewahrt werden und uns nicht überheben. Die Anwendung dieses Verses, sage ich, soll ununterbrochen in deinem Herzen erwogen werden. Laß nicht ab, ihn bei jeglichem Werk oder Dienst und auch auf dem Wege zu beten. Pflege ihn beim Schlafen und Essen und in der äußersten Notdurft des Leibes. Dieses Erwägen im Herzen wird dir wie eine heilsmächtige Formel sein und dich auch zu der unsagbaren und nur von wenigen erfahrenen Glut des Gebetes hinreißen. Wenn du diesen Vers im Innern pflegst, mag dich der Schlaf überkommen, wenn du nur am Ende, durch seine unaussprechliche Übung geformt, ihn auch im Schlafe zu beten gewöhnt bist. Er soll dir beim Gewecktwerden zuerst begegnen, beim Erwachen nehme er alle Gedanken vorweg. Bist du vom Lager aufgestanden, so mag er dich zur Kniebeugung geleiten und von da zu allem Werk und Tun. Er begleite dich zu jeder Zeit. Ihn sollst du im Innern pflegen nach dem Gebote des Gesetzgebers, magst du nun zu Hause sitzen oder auf dem Wege gehen, schlafen oder aufstehen. Ihn sollst du auf Schwelle und Tür deines Mundes schreiben. Ihn schreibe an die Wände deines Hauses und in das Innere deines Herzens, so daß, wenn du zum Gebete niederfällst, er dein Aufgesang sei, und stehst du sodann auf und begibst dich zu allen notwendigen Lebensbeschäftigungen, so werde er dir das aufrechte und stete Gebet.
>
> Cassian, Collationes, 10

Der Gebetsweg, der in diesem Büchlein beschrieben wird, ist also *nichts Neues.*

Aus Finsternis kommt Licht

Die folgenden Verse sind von Angelus Silesius und eignen sich gut zum Nachbeten. Sie werden sich dem Beter nach und nach erschließen, wenn er den Weg der Kontemplation geht.

Gott wohnt in einem Licht, zu dem die Bahn gebricht.
Wer es nicht selber wird, der sieht ihn ewig nicht.

Wenn ich in Gott vergeh, so komm ich wieder hin,
Wo ich in Ewigkeit vor mir gewesen bin.

Du reisest vielerlei zu sehn und auszuspähn.
Hast du nicht Gott erblickt, so hast du nichts gesehn.

O Wesen, dem nichts gleicht! Gott ist ganz außer mir,
Und innen mir auch ganz, ganz dort und auch ganz hier.

Die Gottheit ist ein Brunn, aus ihr kommt alles her,
Und läuft auch wieder hin. Drum ist sie auch ein Meer.

Die Ros' ist ohn' Warum, sie blühet, weil sie blüht.
Sie acht' nicht ihrer selbst, fragt nicht, ob man sie sieht.

Mensch, werde wesentlich; denn wenn die Welt vergeht,
So fällt der Zufall weg. Das Wesen, das besteht.

Die Schrift ist Schrift, sonst nichts. Mein Trost ist Wesenheit,
Und daß Gott in mir spricht das Wort der Ewigkeit.

Das überlichte Licht schaut man in diesem Leben
Nicht besser, als wann man ins Dunkle sich begeben.

Der Punkt der Seligkeit besteht in dem allein:
Daß man muß wesentlich aus Gott geboren sein.

Wie töricht tut der Mann, der aus der Pfütze trinkt
Und die Fontäne läßt, die ihm im Haus entspringt.

Wer hätte das vermeint: Aus Finsternis kommt Licht,
Das Leben aus dem Tod, das Etwas aus dem Nichts.

Das edelste Gebet ist, wenn der Beter sich
In das, vor dem er kniet, verwandelt inniglich.

Das liebste Werk, das Gott so inniglich liegt an,
Ist, daß er seinen Sohn in dir gebären kann.

Wird Christus tausendmal zu Bethlehem geborn
Und nicht in dir, du bleibst noch ewiglich verlorn.

Ich selbst bin Ewigkeit, wann ich die Zeit verlasse
Und mich in Gott und Gott in mich zusammenfasse.

Zeit ist wie Ewigkeit und Ewigkeit wie Zeit,
So du nur selber nicht machst einen Unterscheid.

Ach, zweifle nicht; sei nur aus Gott gebor'n.
So bist du ewiglich zum Leben auserkor'n.

Freund, so du etwas bist, so bleib doch ja nicht stehn.
Man muß aus einem Licht fort in das andre gehn.

Das Tröpflein wird das Meer, wenn es ins Meer gekommen,
Die Seele Gott, wenn sie in Gott ist aufgenommen.

Halt' an, wo läufst du hin? Der Himmel ist in dir.
Suchst du Gott anderswo, du fehlst ihn für und für.

Der Regen fällt nicht ihm, die Sonne scheint nicht ihr.
Auch du bist anderen geschaffen und nicht nur dir.

Ach ja, wär' ich im Du und Du im Ich ein Ein.
So möchte tausendmal der Himmel Himmel sein.

Ich bin Gotts ander ER; in mir find't er allein,
Was ihm in Ewigkeit wird gleich und ähnlich sein.

Die Menschen plappern viel. Wer geistlich weiß zu beten,
Der kann mit A und O getrost vor Gott hin treten.

Meinst du, o armer Mensch, daß deines Munds Geschrei
Der rechte Lobgesang der stillen Gottheit sei?

Willst du den neuen Mensch' und seinen Namen kennen,
So frage Gott zuvor, wie er pflegt sich zu nennen.

Wer in dem Nächsten nichts als Gott und Christum sieht,
Der siehet mit dem Licht, das aus der Gottheit blüht.

Gleich wie die Einheit ist in einer jeden Zahl,
So ist auch Gott, der Ein', in Dingen überall.

Gott ist von Anbeginn der Bildner aller Dinge
Und auch ihr Muster selbst; drum ist ja keins geringe.

Mensch, nichts ist unvollkomm'n, der Kies gleicht dem Rubin.
Der Frosch ist ja so schön wie Engel Seraphim.

Wer seine Sinne hat ins Innere gebracht,
Der hört, was man nicht red't, und siehet in der Nacht.

Eh' als ich noch war, da war ich Gott in Gott;
Drum kann ich's wieder sein, wenn ich nur mir bin tot.

Wer mir Vollkommenheit, wie Gott hat, ab will sprechen,
Der müßte mich zuvor von seinem Weinstock brechen.

Ein wahrer armer Mensch steht ganz auf nichts gericht't.
Gibt Gott ihm gleich sich selbst, ich weiß, er nimmt ihn nicht.

Im Eins ist alles Eins; kehrt Zwei zurück hinein,
So ist es wesentlich mit ihm ein ein'ges Ein.

Gott sind die Werke gleich: der Heil'ge, wann er trinkt,
Gefallet ihm so wohl, als wenn er bet't und singt.

Gott tut im Heil'gen selbst all's, was der Heil'ge tut,
Gott geht, steht, liegt, schläft, wacht, ißt, trinkt, hat guten Mut.

Tagebuchblätter von Dag Hammarskjöld

Dag Hammarskjöld war von 1953 bis 1961 Generalsekretär der UNO. Er war ein Politiker, der mitten in den Auseinandersetzungen der Völker stand. Trotz seines geschäftigen äußeren Lebens war er ein tiefer Mystiker.

Die Reise nach innen

Die längste Reise
ist die Reise nach innen.
Wer sein Los gewählt hat,
wer die Fahrt begann
zu seiner eigenen Tiefe –

gibt es denn Tiefe
noch unter Euch? –
ist er außerhalb der Gemeinschaft,
abgesondert in eurem Gefühl
gleich einem Sterbenden
oder wie einer, den der nahende Abschied
vorzeitig weiht
zu jeglicher Menschen endlicher Einsamkeit.

Die Vereinigung im Dunkel des Glaubens

»Glaube ist Gottes Vereinigung mit der Seele.« (Johannes vom Kreuz) – Glaube *ist* - kann daher nicht erfaßt werden, noch viel weniger identifiziert werden mit Formeln, in denen wir das umschreiben, was ist.

Des Glaubens Nacht – so dunkel, daß wir nicht einmal den Glauben suchen dürfen. Es geschieht in der Gethsemane-Nacht, wenn die letzten Freunde schlafen, alle anderen deinen Untergang suchen und Gott schweigt, daß die Vereinigung sich vollzieht.

Der Augenblick

Bald naht die Nacht. – Also noch ein Jahr. Und wenn dieser Tag der letzte wäre:
»Wie können wir jemals Verkürzte oder Betrogene sein: wir mit jeglichem Lohn längst Überbelohnten . . .« (Eckehart).
Uns trägt das laufende Band der Tage unerbittlich vorwärts. Dabei das Erlösende: es gibt kein Darüberhinaus. Alles kann ich mit den prüfenden Fingern des Wählenden betasten, alles – nur nicht dies: daß Tage und Jahre zusammenschmelzen zu einem einzigen Augenblick – zu einem Augenblick vor dem Tod, in jedem seiner Teile vom Licht des Todes erhellt, zu messen mit dem Maß des Todes.

Bald naht die Nacht.
Laß mich vollbringen, was ich beginnen durfte.
Laß mich alles geben, auch ohne die Gewißheit, zu wachsen.

Der Stolz des Bechers ist sein Getränk, seine Demut das Dienen.
Was bedeuten da seine Mängel?

Alle Kraft des Körpers in der Hand am Ruder,
die Sinne ganz gesammelt auf das Ziel hinter dem Horizont,
fängst du lachend salzbespritzte Sekunden der Ruhe
vor einen neuen Woge –
teilend des Augenblicks glückliche Freiheit mit dem,
der seine Verantwortung teilt.
So – in der Sammlung Selbstauslöschung – erschließt sich der Lebensnähe gesunde Vollendung,
geteiltes, zeitloses Glück,
durch eine Handbewegung,
durch ein Lächeln vermittelt.
Dank den Menschen, die mich dies lehrten. Dank den Tagen, die mich dies lehrten.

– so sah ich, daß es die Mauer nie gegeben hatte, daß das »Unerhörte« hier und dieses ist, nicht ein anderes,
daß »Opfer« hier und jetzt, immer und überall ist – daß dieses »surrendered-sein« das ist, was Gott von sich, in mir, sich gibt.

Gottes-Liebe

Es ist nicht genug, sich täglich unter Gott zu stellen. Darauf kommt es an, n u r unter Gott zu stehen: Jede Zersplitterung öffnet die Tür für Tagtraum, Geschwätz, heimliches Selbstlob, Verleumdung – alle diese Aftertrabanten des Zerstörungstriebs.

»Wie aber soll ich Gott lieben?« – »Du sollst ihn lieben, wie er ein Nichtgott, ein Nichtgeist, eine Nichtperson, ein Nichtgestaltetes ist: Vielmehr nur lautere, pure, klare Einsicht, aller Zweiheit fern. Und in diesem Einen sollen wir ewiglich versinken vom Sein zum Nichts. Dazu helfe uns Gott.« (Wahrscheinlich Eckehart)

Laß dich von Leben erkennen

Du bist nicht Öl noch Luft – nur der Verbrennungspunkt, der Brennpunkt, wo das Licht geboren wird.
Du bist nur die Linse im Lichtstrom. Nur so kannst du das Licht entgegennehmen und geben und besitzen.
Suchst du dich selbst »in deinem eigenen Recht«, so verhinderst du die Vereinigung von Luft und Öl in der Flamme, raubst der Linse ihre Durchsichtigkeit. Weihe – Licht oder im Licht zu sein, vernichtet, damit es entstehe, vernichtet, damit es sich sammle und verbreite.

Du sollst das Leben kennen und von ihm erkannt werden nach dem Maß deiner Durchsichtigkeit - d.h. nach dem Maß deines Vermögens, als Ziel zu verschwinden und als Mittel zu bleiben.

Du, der ist auch in uns

Du, der Du uns frei geschaffen hast, der Du alles siehst,
was geschieht – und dennoch des Sieges gewiß bist,
Du, der Du jetzt unter uns der bist, der die äußerste Einsamkeit leidet,
Du – der Du auch ich bist,
dürfte ich Deine Bürde tragen, wenn meine Stunde kommt,
dürfte ich –

Du, der über uns ist,
Du, der einer von uns ist,
Du, der ist –
auch in uns;
daß alle Dich sehen – auch in mir,
daß ich den Weg bereite für Dich,
daß ich danke für alles, was mir widerfuhr.
Daß ich dabei nicht vergesse der anderen Not.
Behalte mich in Deiner Liebe,
so wie Du willst, daß andere bleiben in der meinen.
Möchte sich alles in diesem meinem Wesen zu Deiner Ehre
wenden,
und möchte ich nie verzweifeln.
Denn ich bin unter Deiner Hand,
und alle Kraft und Güte sind in Dir.
Gib mir einen reinen Sinn – daß ich Dich erblicke,
einen demütigen Sinn – daß ich Dich höre,
einen liebenden Sinn – daß ich Dir diene,
einen gläubigen Sinn – daß ich in Dir bleibe.

Das Hier im Gegensatz zum Jenseits

Tut man etwas, nur um dafür im Himmel belohnt zu werden, so mag man zwar diesen Lohn bekommen, doch eine kontemplative Haltung ist das nicht – d.h. ein liebendes Tun, dessen ganzer Sinn im Tun selbst liegt, ohne sich dabei Gedanken über Vollkommenheit oder Lohn zu machen. Wenn Kontemplative essen, so sagen uns die Meister, dann essen sie, und wenn sie beten, beten sie. Sie handeln »sunder warumbe«, ohne warum, wie Eckehart sagen würde. Der Kontemplative kann sich unter einem Leben nach dem Tode nichts vorstellen, so als ob das jetzt erfahrbare Leben nicht Leben, das Leben, die Sache selbst wäre!

Den meisten Traditionen gemäß erfährt der Kontemplative die Wirklichkeit, Gott, Himmel, Erleuchtung, Wahrheit, das

Sein oder das Nichts schon hier auf dieser Welt allein im Akt, den er vollzieht, und in der Situation, in die er gerät. Kontemplatives Leben, so sagen uns die Mystiker, ist bereits ein himmlischer Zustand, es ist schon das Leben, das ohne Ende ist. Trifft das aber für jemand nicht zu und bleiben ihm noch Wünsche offen, dann hat er die Stufe der Kontemplation noch nicht erreicht. »Philippus, wer mich gesehen, hat auch den Vater gesehen«, sagt das Evangelium. »Es macht nichts, wenn ich auch zur Hölle muß; dies ist der Himmel, du bist der Himmel, hier ist der Himmel«, singen die muslemischen Mystiker.

Kontemplation kümmert sich nicht um das Morgen, noch darum, wie der Himmel zu erobern ist. Deshalb streitet sich der Kontemplative auch nicht um die rechte Lehre. Der Mystiker akzeptiert die vorhandenen Lehren, verwechselt sie aber nicht mit dem Glauben. Lehren sind Krücken für ihn oder bestenfalls Kanäle oder Brillen, haben aber nichts mit Gehen, Wasser oder Sehen zu tun, was diese traditionellen Metaphern ja mitbeinhalten. Dogma ist Hypothese und nicht Schau (Theorie). Cusanus lehrte bekanntlich, daß »das Wahre nur in sich selbst wahrnehmbar sei«. Eine Bejahung, die nicht auf sich selbst beruht, kann letztlich nicht wahr sein. Der Kontemplative weiß, daß der ihm versprochene Himmel nicht Grund seiner Liebe zu Gott sein kann.

Raimundo Panikkar

Dunkle Nacht

Mein Gott ist tot. Der gerechte, strafende, furchtbare Gott, der alles Böse vernichtende, der Richter und Rächer – der Gott meiner Kindheit: Er hat seine Schrecken verloren. Aber auch der liebende, verzeihende, persönliche Gott; der Freund und Bruder, der allzeit Bereite und Tröstende – er ist tot!

O Gott, ich leide an deiner Gottheit! Ich will nichts als ein bißchen Ruhe.

Nichts ist mir verblieben: kein Gebet, keine Freude, keine Gabe. Darin hätte ich ein bißchen Genugtuung, ein bißchen Befriedigung. Aber ich habe nichts.

Was mir zunächst Befreiung war, erweist sich als Bumerang. Was mir Trost war, wird mir zum Schmerz: Jedes Wort der Hl. Schrift bringt mich zurück in meine Einsamkeit, in meine Verbannung.

Soll ich sie segnen diese Nacht? Sie reißt mir das Leben aus dem Leib oder das, was ich für Leben hielt.

Immer wieder stoße ich auf geheime Fehler oder Sünden. Sie machen mich mutlos. Nirgends ist Gutes in mir. Alles ist vergiftet von Hochmut und Eitelkeit.

Da tut sich nicht eine Einzelschuld auf, sondern große Schuldzusammenhänge, die große Strecken meines Lebens durchziehen.

Ich erkenne Gott nicht. Er nimmt mir jedes Wort, jedes Gebet, jeden Trost. Ich gehe an ihm vorbei, und die einzige Wirklichkeit für mich ist die entsetzliche Verlassenheit im Schmerz. Obwohl Gottes Kraft ganz nahe ist – ich werde ihrer nicht habhaft. Da ist nichts, was mich hält, trägt oder tröstet. Wird mein Dunkel wirklich einmal hell?

Nichts als Schuld und Schmerz! Und es gibt kein Entrinnen! Da ist eine tote Liebe oder ein Etwas, das ich für Liebe hielt.

Alles stirbt in mir ab: der Glaube, die Liebe, die Kraft, die Hoffnung.

Ein Erfahrungsbericht

Die Erfahrung des Einsseins

. . . Das scheinbar endlose Suchen ist zum unendlichen Frieden geworden, und manchmal erreicht die Erfahrung die sinnliche Erfassungsebene –. Das vitale Mysterium wird zwar Stückwerk, wenn es die »Sinne erreicht«, und der Versuch der verbalen Wiedergabe ist eine weitere Zerstückelung dessen, was zutiefst lebendig geworden ist, doch was soll's?

Der Dualismus ist jetzt nicht nur in der Aufgipfelung eines intensiven Erlebens überwunden. Er ist auch im Alltag verschwunden. Ich habe meine Sinne zurückbekommen – gereinigt, geschliffen, ganz neu funktionsfähig: Ich höre, was ich nie gehört, und sehe, was ich nie gesehen – unverhüllt und klar und umfassend. Wie überströmend ist die Freude – diese Fülle hat sie nie gehabt.

Der Traum vom freien Willen ist ausgeträumt. Den sogenannten freien Willen oder besser die Illusion vom freien Willen brauchte ich nur solange die Illusion vom Ich bestand. Wie befreiend: sich in aller Freiheit der Freiheit zu entledigen und sich dem Göttlichen zu überantworten. Ich brauche den eigenen freien Willen nicht mehr. Seine Betätigung setzt einen Gegenpol voraus. Den gibt es nicht mehr, da es nur einen Brennpunkt gibt.

Was für das Ich geradezu lebensnotwendig und einfach nicht wegzudenken war, fällt weg: Solange der Traum der Eigenständigkeit lebendig ist, sind Gehorsam, Hingabebereitschaft ... von großer Wichtigkeit. Nicht so nach dem Erwachen. Es gibt kein Gegenüber – es existiert nur ein Wollen, das zutiefst mein Wollen wird.

Immer neu steigen die Bläschen des Erkennes an die Wasseroberfläche und künden von der Lebendigkeit des Lebens.

Die Erfahrung der entfalteten Gottheit in allem Geschaffenen entzückt gleichermaßen wie die Erfahrung des Einsseins mit dem Urgrund – des Einsseins mit allen, die zu diesem Grund vorgestoßen sind.

Ein Erfahrungsbericht

Ein törichtes Verhalten

Ich möchte eine weitere Beschreibung des kontemplativen Gebetes geben und mich dabei auf einen Lehrer des Gebets aus dem 20. Jahrhundert beziehen, auf John Chapman, der vor 40

Jahren Abt von Downside war. Er schreibt: »Die Zeit dieser Art von Gebet ist ganz ausgefüllt mit nichts anderem, als einfach Gott zu wollen. Das scheint zunächst ein ganz und gar törichtes Verhalten zu sein, ja, die größte Zeitvergeudung, bis dieses Tun sich langsam mit Leben zu füllen beginnt. Das merkwürdigste dabei ist, daß wir uns nach einer gewissen Zeit zu fragen beginnen, ob wir überhaupt etwas beabsichtigen, uns überhaupt an jemanden wenden, oder ob wir rein mechanisch nur eine Formel wiederholen, die für uns völlig leer geworden ist. Das Wort »Gott« scheint bedeutungslos geworden. Wenn wir uns in diesem merkwürdigen und paradoxen Zustand befinden, dann sind wir auf dem rechten Weg. Wir müssen uns allerdings vor dem Versuch hüten, darüber nachzudenken, was Gott ist und was er für uns getan hat usw., denn genau das hält uns aus dieser Art von Gebet heraus und macht Gottes Wirken vergeblich . . .«

Es ist das bewußte Nachdenken, das die intuitive Kontemplation verhindert. Ungewollte Gedanken, die sich immer wieder von selbst einstellen und die gewissermaßen als Hintergrund zur Kontemplation ablaufen, schaden nicht. Aber es ist unsere Aufgabe, sie einfach zu ignorieren, soweit das möglich ist, und dabei kann uns, wie bereits empfohlen, ein immer wieder wiederholtes Wort helfen. Der Abt stellt ausdrücklich fest, daß die Person, die beim Gebet alles bewußte Nachdenken unterläßt, außerhalb des Gebets aber sich mit den Dingen Gottes beschäftigen sollte. Denn er soll nicht nur seine Intuition zu heiligen versuchen, sondern auch sein rationales Denken, seine Vorstellungskraft und seinen gesunden Menschenverstand. Diesen anderen Fähigkeiten kann er sich durch Lesen, Schreiben oder Sprechen zuwenden, denn dadurch werden sie benutzt und natürlich auch durch praktisches Tun im Dienst an anderen Menschen.

Christopher Bryant

ZWEITER TEIL

LESUNGEN AUS DER WOLKE DES NICHTWISSENS UND DEM BRIEF DER SEELENFÜHRUNG

Stoße mit dem scharfen Speer der Liebe
in jene dichte Wolke des Nichtwissens.
Höre nicht auf damit,
was immer auch kommen mag.

(Die Wolke des Nichtwissens, Kap. 6)

Vorwort

Die Wolke und ihr Verfasser

Das »Gebet des Schweigens« enthält das Wesentliche der *Wolke* und, wie ich hoffe, alles, was jene brauchen, die den Weg des kontemplativen Gebetes gehen wollen, alles, was sie befähigt, diesem Ruf Folge zu leisten, und dazu die Ermunterung und Weisheit, die *Die Wolke* gibt. Dieses Buch liest man am besten zunächst einmal ganz durch und dann – für jene, die es langsam verkosten möchten – stückweise Tag für Tag über eine Periode von einem oder zwei Monaten, denn dafür ist es gedacht.

Die Sprache der Spiritualität ändert sich zwar von einer Generation zur anderen, doch die Erfahrung, die ihr zugrunde liegt, bleibt die gleiche. So ist es auch mit der *Wolke.* Wenn auch der Sprachstil mancher Stellen altmodisch erscheint – trotz des Versuchs, ihm eine moderne Fassung zu geben –, so ist doch die Erfahrung, die sie auszudrücken versucht, unvermindert die gleiche, und man darf getrost behaupten, daß nur wenige zu so tiefer Erfahrung gekommen sind, wie der unbekannte Verfasser dieser Schrift aus dem 14. Jahrhundert.

Ein genaues Datum für das Erscheinen der *Wolke* anzugeben, ist unmöglich. Man geht im allgemeinen davon aus, daß sie in der zweiten Hälfte des 14. Jahrhunderts erschienen ist, und neueste Nachforschungen haben ergeben, daß es offenbar nicht später als das 7. Jahrzehnt war. Auch der Verfasser bleibt unbekannt. Es gibt weder Hinweise auf seinen Namen noch Gewißheit über seine Lebensweise. Einige glauben, daß er Eremit und Zisterzienser war, andere nehmen an, daß er ein Kartäusermönch gewesen ist. Es gibt auch manche, die der Ansicht sind, daß er Priester gewesen sei, weil der Verfasser am Ende der Schrift den Leser mit seinem Segen entläßt. Das gleiche tut er auch am Ende von zwei weiteren seiner Werke. Sicher ist jedenfalls, daß er ein guter Theologe war und ein erfahrener Seelenführer.

Die Sprache, in der er schreibt – so sagen die Fachleute –, ist die der East Midlands jener Zeit. Man nimmt also an, daß der Verfasser in der Gegend von Lincolnshire gelebt hat. Der Stil läßt auf einen vitalen und lebhaften Geist mit reger Phantasie schließen und auf einen scharfen Beobachter seiner Mitmenschen. Ganz sicher darf man dem Verfasser einen außergewöhnlichen und wohlwollenden Charakter bescheinigen, der, wie man sich denken kann, auch all jenen eignet, die den gleichen Weg gehen wie er selbst. So jedenfalls werden sie auf Seite 81 charakterisiert.

»Die Wolke« wendet sich an einen jungen 24jährigen Mann, der sich nach einem aktiven christlichen Leben zum kontemplativen Leben berufen fühlt. In ihm aber, so dürfen wir aus dem Vorwort schließen, wendet der Autor sich auch an alle jene, die den gleichen Ruf in sich verspüren. Das gleiche gilt auch vom *Brief der Seelenführung,* der sich in erster Linie an die gleiche Person wendet. Auch vom *Brief* sind einige Abschnitte in diesem Buch zu finden. Der *Brief* ist eine etwas reifere

Fortsetzung der *Wolke,* denn sowohl Verfasser als auch Schüler haben im spirituellen Leben Fortschritte gemacht.

Beim Übertragen des Textes in modernes Englisch hatte ich mich auf die einzelne Seite zu konzentrieren und, soweit möglich, jede einzelne Tageslesung für sich selbst sprechen zu lassen. Das bedeutete, daß ich mir gelegentlich kleinere Freiheiten herausnahm, die sich bei einer vollständigen Übersetzung des Buches nicht hätten rechtfertigen lassen. So sah ich mich gezwungen, hier und da einige Sätze zu wiederholen, wie es die Originalfassung nicht tut, und in einzelnen Abschnitten das eine oder andere wegzulassen. Durch Punkte darauf hinzuweisen habe ich unterlassen, da ich diese als hinderlich für den freien Fluß und ermüdend für den Leser betrachtete. Das Buch möchte auf keinen Fall eine vollständige Ausgabe der *Wolke* ersetzen, auch da nicht, wo die Abschnitte ineinander übergreifen, und die herausgenommenen Freiheiten scheinen mir nicht unangemessen. Doch der Leser sollte darüber Bescheid wissen.

Der Verfasser der *Wolke* weist eindringlich darauf hin, daß dieser Weg nicht für jeden Christen geeignet ist, jedenfalls nicht zum jetzigen Zeitpunkt. Die Berufung kann später erfolgen. Wenn sie aber kommt, dann sollte sich, wer Gott selbst erstrebt, nicht mehr um die Dinge Gottes kümmern, die der Verfasser die Attribute Gottes nennt. Immer wieder sollte man sich aber auch Zeit nehmen für die Betrachtung, doch wird man schließlich erkennen, daß das eigentliche Gebetsleben darüber hinausgeht. »Denn nur durch die Liebe kann man Gott erkennend umfassen und nicht durch Nachdenken.« Dieses oft zitierte Wort der *Wolke* bringt uns geradewegs zum Kern ihrer Lehre.

Robert Llewelyn

Fasse Mut, du schwaches Geschöpf, und schaue dich aufmerksam an. Was bist du denn und was kannst du vorweisen, das einen solchen Ruf unseres Herrn verdient haben könnte? Wie müde und elend auch das Herz sein mag, wie groß auch seine Trägheit, das Locken dieser Liebe und die Stimme dieses Rufes vermöchten es dennoch zu wecken.

Doch sieh' dich vor, armseliger Mensch, damit du dich nicht aufgrund deiner erhabenen Berufung und deiner außergewöhnlichen Lebensweise für heiliger und tugendhafter hältst, als du wirklich bist.

Aber noch armseliger bist du, wenn du es unterläßt, dich der Führung und Gnade für ein gottgefälliges Leben zu bedienen, für das du berufen bist.

Gott der Allmächtige, der König der Könige und Herr der Herren, dein geistlicher Bräutigam, erniedrigt sich um deinetwillen. Vermagst du für ihn weniger?

Aus all denen, die ihm folgen, wählt er voll Wohlwollen dich zu einem seiner besonderen Freunde.

EINE VORBEHALTLOSE AUFGABE

Gehe unbeirrt weiter, so bitte ich dich, ohne dich aufzuhalten. Blicke auf das, was vor dir liegt, und vergiß, was vergangen ist. Achte auf das, was dir fehlt, und nicht auf das, was du hast, denn so nur kommst du zur rechten Selbsteinschätzung.

Wenn du Vollkommenheit erstrebst, darfst du nach nichts anderem verlangen als nach Gott. Dieses Verlangen muß die innere Kraft deines Willens sein. Willst du das, dann wird Gottes Kraft dieses Verlangen in dir wachhalten. Vergiß aber nicht: Er ist ein eifersüchtiger Liebhaber und duldet niemanden neben sich. Er wird nur dann in dir tätig werden, wenn er dort alleine ist. Er braucht auch keine Hilfe, sondern will nur dich allein.

Gott wartet auf dich

Er will, daß du einfach auf ihn blickst und ihn allein handeln läßt. Du brauchst nur die Fenster und Türen vor Fliegen und Feinden zu sichern, sonst nichts. Bist du dazu bereit, mußt du ihn nur noch mit deinem Gebet zu bewegen suchen, und bald wird er dir zur Seite stehen.

Beginne also damit, und wir wollen sehen, wie du zurecht kommst. Er selbst ist immer bereit, ja er wartet sogar auf dich.

Was wirst du nun tun und wie wirst du seiner teilhaftig werden?

Was Gott am meisten gefällt

Erhebe dein Herz in demütiger Regung der Liebe zu Gott. Ihn selbst mache dir zum Ziel und nicht das, was du von ihm bekommen kannst.

Hüte dich davor, deine Gedanken an etwas anderes zu hängen als an Gott. Gott nur fülle dein Bewußtsein, auf ihn nur ziele dein Wille auf nichts sonst außer ihm.

Mühe dich mit aller Entschiedenheit darum, Gottes Geschöpfe und ihr Tun außer acht zu lassen, damit nichts deinen Verstand beschäftige und auf nichts dein Verlangen ziele, weder im Allgemeinen noch im Besonderen.

Laß sie einfach und beschäftige dich nicht mit ihnen. Denn genau das gefällt Gott an der Seele am meisten. Alle Engel und Heiligen jubeln darüber und helfen dir dabei mit all ihrer Macht.

Der ganzen Menschheit wird es Nutzen bringen, und zwar mehr, als du jemals wissen wirst. Ja selbst die Qualen der Seelen im Fegfeuer werden kraft dieses Tuns nachlassen.

Und dich selbst wird es läutern und tugendhaft machen wie sonst nichts.

Eine Wolke des Nichtwissens

Dieser Weg ist leichter als alle anderen, wenn die Macht der Gnade dir beisteht und die Kraft eines glutvollen und freudigen Verlangens dich erfüllt. Sonst ist er schwer, ja er übersteigt sogar deine Kräfte.

Mühe dich zunächst damit ab, bis sich dein Verlangen regt. Zu Beginn nämlich wirst du nichts als Dunkel vorfinden und gleichsam eine Wolke des Nichtwissens. Was es genau ist, kannst du nicht sagen. Du fühlst nur, daß sich in deinem Willen ein reines Sich-Sehnen nach Gott zu regen beginnt.

Diese Wolke und dieses Dunkel bleibt zwischen dir und deinem Gott, ganz gleich, was du unternimmst und hindert dich, ihn mit deinem Verstand klar zu erfassen und die Köstlichkeit seiner Liebe in deinem Herzen zu erfahren.

Richte dich darauf ein, so lange in dieser Dunkelheit auszuharren, wie sie dauert, und rufe nach ihm, den du liebst.

Solltest du ihn jemals fühlen oder sehen – soweit man das überhaupt in diesem Leben vermag – dann nur in dieser Wolke und in diesem Dunkel.

Doch gehst du, wie ich dir nahelege, vollen Ernstes auf diesem Weg weiter, dann bin ich überzeugt, daß sein Erbarmen dir durchhelfen wird.

Die Gabe der Erkenntnis und der Liebe

Alle vernunftbegabten Geschöpfe, ob Engel oder Menschen, haben die Fähigkeit zu erkennen und zu lieben.

Gott aber wird für den Verstand immer unbegreiflich bleiben, nur die Liebe kann ihn erfassen.

Es ist das unglaubliche nie endende Wunder der Liebe, daß jemand durch die Kraft seiner Liebe den erfassen kann, der alles Erschaffene, Engel und Menschen, erfüllt.

Hätte ein Mensch durch die Gnade sich gewandelt und entspräche dann immer den Regungen seines Willens, dann wäre er selbst in diesem Leben nie ohne Vorgeschmack der göttlichen Wonne und würde sie einst im Himmel in vollendeter Weise erfahren.

Es liegt in der Natur des Menschen, sich diesen Regungen der Liebe hinzugeben. Wundere dich also nicht, wenn ich dir diesen Weg weise.

Es wäre der Weg des Menschen gewesen, wie ich später darlegen werde, wenn er nicht gefallen wäre.

Dazu wurde er erschaffen, damit er sich auf ihm vollende. Wenn er ihn aber verfehlt, wird er noch tiefer fallen und der Abstand zwischen ihm und Gott noch größer werden. Geht er ihn aber treu und weicht er nicht davon ab, wird er ihn mehr und mehr von der Sünde befreien und ihn zu immer größerer Gottesnähe führen.

Aus Liebe zu Jesus

Achte darauf, wie du deine Zeit verbringst. Es gibt nichts Kostbareres als die Zeit. Ein Augenblick nur kann dir den Himmel gewinnen oder verlieren.

Die Zeit ist für den Menschen da, nicht der Mensch für die Zeit.

Nun höre ich dich aber niedergeschlagen sagen: »Wie wird es mir bloß ergehen? Und, wenn es wahr ist, was du sagst, wie soll ich denn über jeden Augenblick meines Lebens Rechenschaft ablegen? Ich bin jetzt 24 Jahre alt und habe der Zeit noch nie Beachtung geschenkt. Hilf mir jetzt, so bitte ich dich, aus Liebe zu Jesus.«

Das »aus Liebe zu Jesus« ist gut gesagt. Denn in dieser Liebe zu Jesus wird dir Hilfe zuwachsen.

Liebe also Jesus, und das, was sein ist, wird auch dein sein. Verbinde dich mit ihm durch Liebe und Glaube.

Achte deshalb sorgfältig darauf, was sich in deiner Seele tut und wie sich das auf sie auswirkt.

Sieht man es recht, so ist es eigentlich nichts anderes als eine plötzliche Regung der Liebe, die, ohne sich zuvor anzukündigen, wie ein Funke aus dem Feuer Gott entgegenspringt.

Ganz wunderbar ist die Anzahl solcher Regungen, die während einer einzigen Stunde in jenem Menschen entstehen können, der sich auf dem Weg der Kontemplation befindet.

Schon in einer einzigen solchen Regung kann der Mensch plötzlich und vollständig alles vergessen, was geschaffen ist.

Genauso schnell aber, nachdem die Regung vorbei ist, können sich in der Seele wieder die Zerstreuungen einstellen – als Gedanke oder Erinnerung an begangene Taten oder als reine Einbildung, weil eben unsere Natur verdorben ist.

Doch was soll's? Diese Regung der Liebe kommt ja wieder so plötzlich wie zuvor.

DIE NATUR DER DUNKELHEIT

Wenn ich von der Dunkelheit als Wolke spreche, darfst du dir darunter nicht eine Wolke aus Dunst vorstellen, die in der Luft dahinzieht, auch nicht irgendeine andere bekannte Art der Dunkelheit, wie die z.B., wenn bei dir zu Hause das Licht erloschen ist.

Ein solches Dunkel und eine solche Wolke könntest du dir in deiner Phantasie vorstellen und sie auch am hellsten Sommertag noch vor deinem geistigen Auge haben. Genauso wie du dir selbst in der dunkelsten Winternacht noch ein helles strahlendes Licht vorstellen könntest.

Solche Vorstellungen kannst du fallenlassen. Denn das meine ich nicht damit.

Wenn ich das Wort »Dunkelheit« gebrauche, dann meine ich damit einen Mangel an Erkenntnis: Wie das, was du nicht kennst oder wieder vergessen hast, dunkel für dich ist, denn du siehst es nicht vor deinem geistigen Auge.

Aus diesem Grunde nenne ich auch das Dunkel, das zwischen dir und Gott ist, auch nicht Wolke des Himmels, sondern Wolke des Nichtwissens.

Die Wolke des Vergessens

Genauso wie diese Wolke des Nichtwissens über dir ist und sich zwischen dir und deinem Gott befindet, mußt du unter dich, zwischen dir und allem Geschaffenen, eine Wolke des Vergessens bringen.

Vielleicht hast du den Eindruck, daß ein weiter Abstand dich von Gott trennt wegen dieser Wolke des Nichtwissens zwischen dir und ihm.

Doch bist du mit Sicherheit, und das ist wahr, noch weiter von ihm entfernt, wenn es keine Wolke des Vergessens zwischen dir und allen seinen Geschöpfen gibt.

Wenn ich aber von Gottes Geschöpfen spreche, meine ich nicht nur die körperlichen und geistigen Wesen, sondern auch ihre Eigenschaften und ihr Tun, glanz gleich, ob sie gut oder böse sind.

Kurzum, ich sage dir, du mußt alles unter der Wolke des Vergessens verbergen.

Nichts ausser Gott

Obwohl es manchmal nützlich ist, über die Eigenschaften und das Tun mancher der Geschöpfe Gottes nachzudenken, bringt das jenen, die sich auf dem kontemplativen Weg befinden, geringen oder eher gar keinen Nutzen.

Warum? Weil das Sich-Erinnern an oder das Nachdenken über irgendein Geschöpf oder sein Tun eine Art Licht für deinen Geist ist. Das Auge deiner Seele ist dann so darauf gerichtet – ja von ihm gefesselt – wie des Schützen Auge auf sein Ziel, auf das er schießen will.

Mit allem Nachdruck möchte ich dir sagen, daß alles, worüber du nachdenkst, sich in der Zeit, während du nachdenkst, über dir befindet und damit zwischen dir und deinem Gott.

Sollte es außer Gott allein irgend etwas geben, worauf dein Bewußtsein gerichtet ist, so wird das den Abstand zwischen dir und Gott noch vergrößern.

Das blosse Sein Gottes

Ich will nicht unangemessen sein oder gar unziemlich, wenn ich sage, daß es dir, wenn du diesen Weg gehst, wenig oder überhaupt nichts nützt, wenn du über die Güte Gottes nachdenkst, über die Jungfrau Maria, die Engel und Heiligen im Himmel oder über die Freuden des Himmels, solltest du darin Hilfe für deine Aufgabe suchen.

Ich bin überzeugt, daß dir das auf keinen Fall helfen wird. Denn, obwohl es in sich gut ist, über die Güte Gottes nachzudenken und ihn deswegen zu lieben und zu loben, ist es doch bei weitem besser, sich auf sein bloßes Sein auszurichten und ihn um seinetwillen nur zu lieben und zu loben.

Die Liebe ist ein scharfer Speer

Gott selbst läßt sich nicht durch Nachdenken erfassen.

Man kann ihn lieben, ihn aber nicht denken.

Liebe kann ihn begreifen und umfassen, nicht aber der Gedanke. Obwohl es gut ist, bisweilen auch über die Güte und Freundlichkeit Gottes nachzudenken, obwohl dich das weiterbringen kann, und auch nicht ganz unwichtig ist im kontemplativen Leben, rate ich dir trotzdem, solche Gedanken zu unterlassen, wenn du dich bei der kontemplativen Übung befindest, und sie mit der Wolke des Vergessens zu bedecken.

Sei nur mutig und froh und lasse sie hinter dir. Versuche nur mit einer innigen und starken Regung der Liebe das Dunkel über dir zu durchstoßen.

Stoße mit dem scharfen Speer einer sich sehnenden Liebe in jene dichte Wolke des Nichtwissens und gib nicht auf, was immer auch kommen mag.

Ihn begehre und suche ich, Ihn allein

Sollte sich aber ein Gedanke regen und sich zwischen dich und dieses Dunkel über dir drängen und dir sagen: »Was suchst du denn? Und was willst du eigentlich?« Dann antworte, daß Gott es ist, den du willst.

»Ihn begehre ich, ihn suche ich, ihn allein.«

Und sollte der Gedanke dich fragen: »Was ist denn jener Gott?« Dann antworte: »Es ist der Gott, der mich erschaffen, losgekauft und in Güte mich gerufen hat, ihn zu lieben. Und, was ihn betrifft«, so magst du weiter antworten, »hast du keine Macht über mich.«

Und dann sage diesem Gedanken: »Geh weg!« Und mit einer Regung der Liebe übergehe ihn einfach.

Selbst dann sollst du es so machen, wenn dieser Gedanke dir wirklich heilig erscheint und dir sogar helfen möchte auf deiner Suche nach Gott.

Ein zerstreuter Geist

Es kann gut sein, daß der Gedanke, der sich in dein Bewußtsein drängt, auf eine ganze Reihe eindrucksvoller und schöner Beispiele der Güte Gottes hinweist. Vielleicht verweist er darauf, daß Gott die Liebenswürdigkeit, die Liebe, das Wohlwollen und die Barmherzigkeit in Person ist.

Dabei will er aber gar nichts anderes, als daß du auf ihn achtest. Solltest du auf ihn hören, dann wird er dich mehr und mehr belästigen und dich immer tiefer hinabziehen.

Schließlich stellt er dir sogar das Leiden unseres Herrn vor Augen, um dir so das Wunder an Güte in Gott zu zeigen. Hörst du auf ihn, dann hat er sein Ziel erreicht.

Denn über kurz oder lang führt er dir dann dein vergangenes miserables Leben vor Augen und erinnert dich vielleicht sogar noch an einen bestimmten Ort, an dem du einst gelebt hast.

Und zum Schluß, bevor du überhaupt erkennst, was dir geschieht, ist dein Geist zerstreut und du weißt nicht wie.

Und das alles nur, weil du am Anfang so bereitwillig auf den Gedanken gehört und ihm geantwortet hast, auf ihn eingegangen bist und ihm zu tun erlaubt hast, was er wollte.

Die Zeit der Betrachtung ist vorbei

Trotzdem war es gut und heilig, was der Gedanke vorbrachte.

Ja, in der Tat, so heilig war er, daß einer ganz sicher irren und seinen Weg verfehlen wird, sollte er glauben, zur Kontemplation kommen zu können, ohne vorher viele fromme Betrachtungen über die eigene Erbärmlichkeit, über das Leiden, die Güte, die große Freundlichkeit und Größe Gottes gemacht zu haben.

Und doch muß, wer immer für längere Zeit solche Betrachtungen machte, sie jetzt unterlassen und unter der Wolke des Vergessens verbergen, sonst wird er nie die Wolke des Nichtwissens zwischen ihm und Gott durchstoßen.

Und wann immer du fühlst, daß die Gnade Gottes dich auf diesen Weg ruft, dann erhebe dein Herz in demütiger Regung der Liebe zu Gott. Meine aber Gott selbst, der dich erschaffen und erlöst hat, und erlaube keine anderen Gedanken über ihn.

Doch selbst das ist nicht notwendig. Denn es genügt, wenn du dich in bloßer Absicht nach ihm ausstreckst, ohne etwas anderes zu wollen als ihn selbst.

Ein kurzes Wort, das unangetastet bleiben soll

Wenn du etwas damit anfangen kannst, dann laß für diese bloße Absicht ein Wort die Hülle sein, ja schließe sie ein darin. Willst du das, dann nimm ein kurzes einsilbiges Wort, damit du es besser im Griff hast. Eines mit einer Silbe ist besser als eines mit zwei Silben, und je kürzer es ist, um so mehr hilft es dir auf deinem geistlichen Weg.

Ein solches Wort ist zum Beispiel »Gott« oder »Liebe«. Wähle davon, welches du willst oder ein anderes. Achte aber darauf, daß es eine Silbe hat.

Verankere dieses Wort fest in deinem Herzen, damit es bei dir ist, was immer auch kommen mag. Es sei dein Schild und dein Speer im Kampf und in der Ruhe.

Mit diesem Wort schlage auf die Wolke und das Dunkel über dir. Wehre ab mit ihm jede Art von Gedanken und stoße ihn unter die Wolke des Vergessens. Und sollte ein Gedanke dich verfolgen und fragen, was du tust, dann antworte ihm nur mit diesem Wort.

Solltest du aber versucht sein, dieses Wort zu zerlegen, dann erinnere dich, daß du es ganz und nicht entfaltet haben möchtest. Wenn du dich fest danach richtest, kannst du sicher sein, daß die Versuchung bald vorbei ist.

Gott werde um seiner selbst willen geliebt

Diese blinde Regung der Liebe zu Gott um seiner selbst willen und dieses durch geistliches Verlangen heimliche Pressen auf die Wolke des Nichtwissens nützt dem Wohle deiner Seele mehr, ist in sich selbst wertvoller, gefällt Gott, den Heiligen und Engeln im Himmel weit besser und hilft auch deinen leiblichen und geistlichen Freunden, ob sie noch am Leben oder schon gestorben sind, weit mehr, als wenn dein inneres Auge sich beschauend auf die Engel und Heiligen im Himmel richtet oder du dir die ganze Freude und den Wohlklang vorstellst, die ihre Glückseligkeit begleiten.

Darüber darfst du Gewißheit haben, daß niemand in diesem Leben zu einer klaren Schau Gottes kommen kann. Mit Gottes Hilfe jedoch und wenn er es will, kannst du ihn aber erfahren. So richte denn deine Liebe auf jene Wolke, oder, besser gesagt, laß Gott deine Liebe darauf richten und mühe dich darum, mit Gottes Hilfe alles andere zu vergessen.

Über den Umgang mit Gedanken

Ein in deinem Bewußtsein aufgetauchter spontaner Gedanke über irgendeine lebende Person, ob Mann oder Frau, oder irgend etwas anderes, das deine Willens- oder Verstandestätigkeit anregt, kann keine Sünde sein. Es entzieht sich ja deiner Kontrolle und ist Wirkung der Erbsünde, die in deiner Taufe getilgt wurde.

Denn deine Absichten sind ja fest in Gott verankert seit der Zeit, als du dich danach auszurichten begannst, worin du dich jetzt übst.

Wenn sich aber das, was sich in dir regt, in deinem fleischlichen Herzen einnistet, ohne daß du ihm entgegenwirkst, und sich schließlich in deiner geistigen Mitte, womit ich deinen Willen meine, unter deinem vollen Einverständnis festsetzt, dann ist das eine schwerer wiegende Sache. Befriedigt es dich oder war es dir in der Vergangenheit Genugtuung, wird es, wenn du dich dabei auch nur flüchtig aufhältst, zur Verlockung für dich. Das kann so stark werden, daß du dich dabei wohlfühlst, dein Herz oder deinen Willen daran hängst, dir Kraft daraus ziehst und dir eigentlich nichts anderes mehr wünschst, als dich damit für immer in Frieden und Ruhe zu beschäftigen.

Ich sage das, weil ich möchte, daß du jeden Gedanken und jeden Impuls nach seinem wirklichen Wert bemißt. Auch möchte ich, daß du hart daran arbeitest, jede Regung eines Gedankens zu unterdrücken, der dich zur Sünde führen könnte.

Sünde mit der Wurzel ausgerissen

Willst du also auf dem kontemplativen Weg weiterkommen und dein Ziel nicht verfehlen, dann vergiß nie, was du dir vorgenommen hast, und stoße mit dem scharfen Speer der Liebe in diese Wolke des Nichtwissens, die dich von deinem Gott trennt. Denk an nichts anderes, außer an Gott, und laß dich durch nichts davon abbringen.

Dadurch allein und durch nichts anderes sonst wirst du der Sünde Herr werden.

Ganz gleich, wieviel du fastest, ob du dich Nachtwachen unterwirfst oder dich früh von deinem Nachtlager erhebst, ganz gleich, wie hart dein Bett ist oder wie rauh deine Kleider sind – all das hilft dir nichts, denn damit wirst du die Neigung zur Sünde, die fest in dir sitzt, nicht los.

Magst du darüber hinaus deine Sünden beweinen, soviel zu willst, Schmerz empfinden über das Leiden Christi oder an die Freuden des Himmels denken, was an sich gut, hilfreich und nützlich ist und dir sicher Gottes Gnade einbringt, doch im Vergleich mit dieser blinden Regung der Liebe oder ohne sie wird das wenig bewirken.

Der echte Beweggrund

Diese Übung der Liebe nimmt nicht nur dem Bösen Wurzel und Grund, soweit das überhaupt in diesem Leben möglich sein kann, sondern läßt auch die Tugenden entstehen.

Gibt man sich der Übung dieser blinden Regung der Liebe hin, so erkennt und erfährt man bald, daß sich Tugendhaftigkeit wie von selber einstellt, und daß sie als in sich absichtslos und lauter erkannt und erfahren wird.

Selbst wenn ein Mensch viele Tugenden hat, so sind sie alle unvollkommen, ja sogar in gewisser Weise entstellt, wenn sie nicht aus dieser Übung der Liebe hervorgehen.

Tugend ist ja nichts anderes als ein geordnetes und ausgewogenes Verlangen nach Gott allein um seiner selbst willen.

Er ist der Grund für alle Tugenden, und zwar so sehr, daß wenn jemand aus anderen Gründen tugendhaft ist, und selbst wenn dabei die Liebe zu Gott ein Hauptgrund sein sollte, dann diese seine Tugend unvollkommen ist.

Die zwei Tugenden, Demut und Nächstenliebe, sind gute Beispiele dafür und sollten stellvertretend für alle anderen stehen. Wer wirklich diese beiden hat, braucht eigentlich nicht mehr, denn er hat alle.

Wahre Demut stammt von Gott

Beschäftigen wir uns zuerst mit der Tugend der Demut.

Sie ist dann unvollkommen, wenn sie außer der Liebe zu Gott noch andere Beweggründe hat. Ist aber Gott ihr einziger Grund, ist sie vollkommen.

In sich selbst ist Demut nichts anderes als die rechte Selbsteinschätzung. Ohne Zweifel ist es wahr, daß ein Mensch schon von sich aus demütig wäre, könnte er sich nur selber sehen und erkennen, wie er in Wirklichkeit ist.

Es gibt zwei Gründe für die Demut. Der erste ist die Verderbtheit, das Elend und die Schwäche des Menschen, in die ihn die Sünde gebracht hat. Das sollte er sich immer vor Augen halten, mag er auch noch so heilig sein.

Der zweite Grund ist die überwältigende Liebe und Güte Gottes, vor der die Schöpfung erbebt, Kluge zu Toren werden und von der Heilige und Engel geblendet werden.

Der zweite Grund ist vollkommen, weil es ihn immer geben wird.

Das Wesen der Liebe

Liebe bedeutet nichts anderes, als Gott um seiner selbst willen und mehr als alles, was er erschaffen hat, zu lieben und die Mitmenschen um Gottes willen, und zwar so, wie man sich selbst liebt.

Auf diesem von dir eingeschlagenen Wege ist es richtig, Gott um seiner selbst willen mehr als alles, was er erschaffen hat, zu lieben. Denn wesentlich für diesen Weg ist, wie ich früher schon gesagt habe, sich im bloßen Verlangen nach Gott um seiner selbst willen auszustrecken.

Ich nenne es bloßes Verlangen, weil der gute Schüler auf diesem Wege weder darum bittet, von Schmerzen befreit zu werden, noch größeren Lohn erbettelt. Kurzum, weil er nichts will, außer Gott selbst.

Es stimmt sogar, daß er, wenn er Schmerz empfindet oder sich freut, das entweder einfach übergeht oder aber sich dabei nicht aufhält, sondern daß ihn nur eines kümmert, daß nämlich der Wille Gottes, den er so sehr liebt, sich erfülle.

So also wird Gott um seiner selbst willen vollkommen und mehr als alles andere geliebt. Dabei darf bei dieser Übung nicht einmal ein Gedanke an etwas anderes seine Aufmerksamkeit trüben und drehte er sich selbst um das vollkommenste Geschöpf.

Kein Mensch ist ein Fremder

Bei dieser Übung der Kontemplation wird auch der zweite und geringere Teil des Liebesgebotes, nämlich der der Nächstenliebe, voll und ganz erfüllt.

Und der Grund dafür ist, daß der, der diesen Weg wahrhaft geht, niemand besonderen bevorzugt, sei er nun ein Verwandter oder Fremder, Freund oder Feind.

Für ihn sind alle Menschen Angehörige, und keiner ist ein Fremder für ihn. Alle sind seine Freunde, keiner sein Feind.

Und das geht sogar so weit, daß er alle, die ihn verletzen und nicht gut behandeln, als seine besten und besonderen Freunde betrachtet und ihnen wie seinen besten Freunden nur Gutes wünscht.

Alle wird er aufrichtig lieben wie sich selbst, um Gottes willen.

Wer ein vollkommener Schüler unseres Herrn sein will, wird, wenn er sich auf diesem Wege der Kontemplation befindet, für die ganze Menschheit eintreten, wie es unser Herr mit seinem Leib am Kreuz getan hat.

Ein Strahl geistlichen Lichts

Mühe dich also jetzt und versuche, diese dichte Wolke des Nichtwissens zu durchdringen; später kannst du ausruhen. Wer immer sich auf diesen Weg macht, wird ihn schwer finden, es sei denn, daß er die besondere Hilfe Gottes erfährt oder aber bereits eine gewisse Übung besitzt.

Besonders schwer dabei ist, die Gedanken an die Geschöpfe Gottes zum Schweigen zu bringen und sie unter der Wolke des Vergessens zu halten. Das ist Aufgabe des Menschen, wobei ihm Gottes Hilfe sicher ist. Sache Gottes ist es aber, die Liebe zu wecken. Auf denn, tue, was dir zufällt, und ich verspreche dir, daß auch er nicht auf sich warten läßt.

Mach dich also an die Arbeit. Du wirst dich zunächst anstrengen müssen, doch nur für eine Weile, denn die Last wird bald leichter werden. Sollte es dir zu Beginn am nötigen Eifer fehlen, ist es zunächst hart für dich, doch wenn du immer größere Freude daran gewinnst, wird es dir zunehmend leichterfallen.

Manchmal wird Gott selbst alles tun, doch nur für kurze Zeit und nur wenn er will und so wie er es für richtig findet. Du aber sei dann froh darüber und laß ihn gewähren.

Vielleicht erreicht dich auch bisweilen ein Strahl geistlichen Lichts, der die Wolke des Nichtwissens, die zwischen dir und ihm liegt, durchdringt und dir etwas vom göttlichen Geheimnis zeigt. Darüber aber sollst, noch kannst du etwas berichten.

Schaue ihnen über die Schulter

Es gibt verschiedene Mittel und Techniken, die dir helfen können, dich von quälenden Gedanken und Erinnerungen zu befreien, wenn du sie sonst nicht los wirst. Wenn Gott sie dich lehrt, und du in eigener Erfahrung sie ausprobierst, ist es natürlich besser, als wenn andere dich darin unterrichten.

Trotzdem möchte ich dir so viel darüber sagen, wie ich für richtig halte. Versuch es damit und verbessere daran, wenn du willst.

Verhalte dich einfach so, als ob du gar nicht merktest, daß sich Erinnerungen und Gedanken zwischen dich und Gott drängen.

Versuche einfach, ihnen über die Schulter zu blicken in der Suche nach etwas anderem, nach Gott, der sich in der Wolke des Nichtwissens verbirgt. Tust du das, so wirst du in kurzer Zeit, so glaube ich, davon unbelästigt sein.

Versteht man richtig, was ich hier vorgeschlagen habe, so ist es eigentlich, wie ich glaube, gar nichts anderes als eine Sehnsucht, Gott schon in diesem Leben zu erfahren und zu schauen, soweit es überhaupt möglich ist.

Ein solches Verlangen ist Liebe, und sie wird deinen Weg leichtermachen.

Lass dich einfach in Gottes Hände fallen

Ich zeige dir noch eine andere Möglichkeit. Versuch es damit, wenn du willst.

Wenn du dich vergeblich darum bemühst, deiner Gedanken Herr zu werden, dann gehe einfach vor ihnen in die Knie, wie einer, der im Kampf besiegt ist und aufgibt, weil er weiß, daß es nutzlos ist, weiter mit ihnen zu ringen.

Wenn du dich so den Händen deiner Feinde auslieferst, unterwirfst du dich eigentlich Gott, und wenn du das tust, dann mit dem Bewußtsein, daß du dich ihm für immer überantwortest.

Ich möchte dir raten, dich dieser Methode zu bedienen, denn ich glaube, wenn du sie anwendest, wird dein Problem verschwinden, so wie wenn es sich in Wasser aufgelöst hätte. Und ich bin dazu überzeugt, daß ein solches Verhalten, wenn man es richtig betrachtet, eigentlich nichts anderes ist als eine richtige Selbsteinschätzung, denn du erkennst und erfährst dich als erbarmungswürdig elend und weit weniger wert als nichts.

Diese Erkenntnis ist Demut. Sie bewirkt Gottes Nähe, und er wird dich aus der Hand deiner Feinde befreien, dich liebevoll trösten, so wie ein Vater sein Kind vor wilden Ebern rettet oder vor den Zähnen blindwütiger Bären.

Es ist dein Fegfeuer

Ich will jetzt nicht weiter über Methoden sprechen, denn hast du diese einmal mit Gottes Hilfe erprobt, so glaube ich, daß du mich bald besser darin wirst unterweisen können als ich dich.

Denn obwohl ich von dem, was ich gesagt habe, nichts zurücknehme, bin ich selbst immer noch sehr weit vom Ziel entfernt, und deswegen bitte ich dich, mir zu helfen und dich sowohl um deiner selbst willen abzumühen, aber auch um meinetwillen.

Ich bitte dich also dringend, weiterzumachen und dir große Mühe zu geben. Ertrage, was dieser Weg dir an Schmerzen bringt, denn das wird dich läutern.

Wenn du schließlich die Leiden hinter dir hast und dir deine Fertigkeiten, die du mit Gottes Hilfe erworben hast, zur Gewohnheit wurden, wirst du zweifellos nicht nur von Sünden gereinigt sein, sondern auch von ihren Folgen. Ich meine damit natürlich die Folgen deiner eigenen persönlichen Sünden, nicht die der Erbsünde, die dir bis zu deinem Tode bleiben werden, ganz gleich wie hart du dich auch mühst.

Als Folge der Erbsünde wirst du immer wieder neue Versuchungen erfahren. Weise sie ab, sooft sie sich erheben.

Aktiv und passiv

Laß von dieser Gebetsweise dich formen und laß dich führen, wohin sie dich führen möchte. Laß sie gestaltende Kraft in dir sein, und du laß sie einfach gewähren. Beobachte sie, wenn du willst, doch laß ihr freie Hand. Misch dich nicht ein, um ihr behilflich zu sein, denn dadurch verdirbst du eher alles.

Sie sei der Schreiner und du das Holz, sie der Bewohner und du das Haus.

Sei zufrieden damit, im Dunkeln zu leben, und gib selbst das Verlangen nach Wissen auf, denn es wird dich eher hindern, als dir helfen.

Genug ist es für dich, wenn sich Liebe in dir regt, selbst wenn du nicht weißt, woher das kommt. Und genug ist es, wenn dein ganzes Denken und Sehnen sich auf Gott allein ausrichtet.

Ist das so, wie ich es beschrieben habe, dann darfst du sicher sein, daß es nur Gott sein kann, der unmittelbar und ohne irgendwelche äußeren Mittel auf deinen Willen einwirkt.

Betrachtung, die ins Gebet mündet

Wer aber erst am Anfang des kontemplativen Weges steht, sollte wichtige Stufen nicht überspringen. Ich nenne sie Lesen, Betrachten und Beten. Eigentlich möchte ich nicht sehr darauf eingehen, denn andere haben besser darüber geschrieben, als ich es könnte.

Ich möchte aber folgendes dazu sagen: Übersieh nicht, daß ich sowohl für Anfänger als auch für Fortgeschrittene schreibe, nicht aber für die »Vollkommenen«, wenn man einen Menschen in diesem Leben überhaupt so bezeichnen kann. Diese drei Stufen sind eng miteinander verbunden, denn Lesen steht am Anfang und bedingt die Betrachtung, Betrachtung aber führt zum Gebet.

Natürlich gibt es auch das Zuhören, doch für mich gehört Zuhören und Lesen zur gleichen Kategorie. So liest zum Beispiel der Geistliche, und der Laie, der der Predigt des Geistlichen folgt, »liest« den Geistlichen. Hören und Lesen sind hier ein und dasselbe.

Ohne Gottes Wort zu lesen oder zu hören, ist es für den Menschen, den die Sünde blind gemacht hat, unmöglich, den Schmutz auf seinem Gewissen wahrzunehmen.

Erst wenn er ihn wahrgenommen hat, rennt er zur Quelle, um sich zu waschen. Ist der Flecken durch persönliche Sünde entstanden, so ist die Quelle, von der ich sprach, die Kirche und das Wasser, das Sakrament der Buße. Ist er aber nur eine verborgene Wurzel und Regung der Sünde, dann ist die Quelle der barmherzige Gott und das Wasser das Gebet.

Der Weg der Kontemplation

Was ich gesagt habe, gilt aber nicht für jene, die den Weg der Kontemplation gehen. Anstelle einer formellen Betrachtung tritt für sie einfach das spontane Innewerden der eigenen Armseligkeit oder der Güte Gottes, und das ohne vorausgehendes Lesen, Hören oder Betrachten über irgend etwas. Doch das, worüber ich jetzt rede, lernt man besser von Gott als von Menschen.

Dir soll es genügen, wenn du über Sündhaftigkeit oder Gottes Güte nicht mehr weißt als das, was das Wort Sünde oder Gott oder sonst ein Wort deiner Wahl in sich bedeutet. Glaube ich doch, daß Gottes Gnade und geistliche Führung dein Wissen darüber vertiefen werden.

Laß diese Worte ganz wie sie sind und denke nicht über ihre Bedeutung nach. So sollst du dich immer bei dieser kontemplativen Übung verhalten, denn das allein wird deinen Eifer anspornen.

Verfahre auf gleiche Weise mit dem Worte »Gott«. Laß die ganze Wirklichkeit, wofür dieses Wort steht, dich ausfüllen, ohne daß du dabei an irgendeines von Gottes Werken denkst, seien sie materieller oder geistiger Art, selbst wenn sie noch so gut sind.

Mach dir dabei auch keine Gedanken über irgendeine der Tugenden, die durch Gottes Wirken in der Seele entstehen, sei es Demut oder Liebe, Geduld oder Fasten, Hoffnung oder Glaube, Enthaltsamkeit oder die Liebe zu freiwilliger Armut. Was bringt das dem Kontemplativen, der alles, was gut ist und tugendhaft, in Gott erfährt?

Solche Menschen wissen, daß, wenn sie Gott haben, sie alles besitzen, was gut ist, und deswegen erstreben sie außer dem Gut Gott nichts im Besonderen.

Auch du solltest dich so verhalten, wenn du das mit Gottes Hilfe vermagst. Habe nur Gott im Auge, ihn ganz allein, so daß außer Gott nichts in deinem Bewußtsein und deinem Herzen sei.

DEIN TUN KENNE KEIN MASS

Wenn du mich fragst, ob der kontemplative Weg Selbstbeschränkung erfordere, sage ich nein, überhaupt nicht. Folge dem rechten Maß bei allem anderen, was du tust, beim Essen, Trinken und Schlafen, im Aushalten von Hitze und Kälte, beim Lesen oder langen Gebet und im Umgang mit deinen Mitchristen. Achte bei diesen Tätigkeiten auf ein gesundes Mittelmaß. Doch der kontemplative Weg kennt keine Beschränkung. Gebe Gott, daß du niemals davon abläßt, solange du lebst.

Ich sage natürlich nicht, daß du immer mit gleicher Frische und Kraft bei dieser Übung bist. Manchmal werden Krankheit und andere Störungen oder auch Bedürfnisse der Natur dich bei dieser Übung behindern. Was ich hier meine, ist, daß du auf diesem Weg der Kontemplation immer bleiben solltest, entweder tatsächlich oder wenigstens in deiner Absicht. Oder, um es anders auszudrücken, indem du tatsächlich übst oder dich wenigstens nach der Übung sehnst. Sei aber aus Liebe zu Gott auf der Hut vor Krankheit, damit du, soweit möglich, sie nicht zu verantworten hast. Denn, und das sage ich dir allen Ernstes, dieser Weg der Kontemplation setzt eine ruhige und stille Verfassung voraus, einen heilen Leib und einen klaren Geist.

Achte auf dich also Gott zuliebe und bleibe so gesund wie möglich. Solltest du aber trotzdem krank werden, dann warte voll Demut und Geduld auf Gottes Hilfe. Mehr brauchst du dann nicht, denn es ist wahr, wenn ich dir sage, daß Geduld in Krankheit und anderen Heimsuchungen Gott meist mehr gefällt als irgendwelche beglückende Gefühle der Hingabe in gesunden Tagen.

Vermeide skrupelhaftes Verhalten

Fragst du mich nun nach dem rechten Maß beim Essen und Trinken und anderen so gearteten Dingen, gebe ich dir die kurze Antwort: Nimm, was man dir anbietet.

Lege dir aber keine Beschränkung auf in der Übung der kontemplativen Liebe, und du wirst dann schon wissen, wie du dich in anderen Dingen zu verhalten hast. Ich kann mir nicht vorstellen, daß jemand, der diesen inneren Weg geht, in solchen alltäglichen Dingen nicht das rechte Maß findet. Kommt das aber trotzdem vor, dann glaube ich, gehört er zu jener Art von Menschen, die es nie recht machen.

Gebe ich mich aber allen Ernstes dieser inneren Übung hin, dann gehören Essen und Trinken, Schlafen und Reden zu jener Kategorie von Dingen, die man mit Indifferenz betrachtet. Verhalte dich also so und lerne auf diese Weise das rechte Maß und nicht dadurch, daß du den Dingen eine ihnen nicht gebührende Beachtung schenkst oder gar über Erfolge oder Versagen Buch führst. So jedenfalls könnte ich mich nicht verhalten.

Wer immer sich auf diesen Weg der Kontemplation macht, sollte wissen, daß der Ausdruck »erheben« und ähnliches nicht im wörtlichen Sinne verstanden sein will. Versteht man unter Himmel etwas Geistiges, dann sind Ausdrücke wie »oben« oder »unten« belanglos. Wer sich also in geistiger Weise zum Himmel hin ausrichtet, braucht seinen Geist weder nach oben noch nach unten zu bemühen.

Die Vollkommenheit dieses Weges

Achte darauf, daß außer Gott nichts deinen Verstand und Willen beschäftige. Mühe dich darum, dich von allem Wissen und Gefühl, die mit Gott nichts zu tun haben, zu befreien und stoße sie unter die Wolke des Vergessens.

Du mußt begreifen lernen, daß du bei dieser Übung der kontemplativen Liebe dich nicht nur nicht mit keinem der Geschöpfe beschäftigen darfst, mitsamt allem, was sie betrifft, sondern auch nicht mit dir selbst, ja nicht einmal mit dem, was du getan hast, um Gott zu gefallen. Denn der, der wahrhaft liebt, liebt nicht nur den Gegenstand seiner Liebe mehr als sich selbst, sondern in gewissem Sinne wird er sogar sich selber geringschätzen um dessentwillen, den er liebt.

So mußt du dich also verhalten, daß du alles, was deinen Verstand und Willen beschäftigt, verabscheust, wenn es nicht Gott selbst ist. Denn, mag es sein, was es will, es wird sich zwischen dich und deinen Gott drängen.

Tust du, was ich dir anrate, und hast du alle Geschöpfe und was sie betrifft vergessen, ja selbst sogar all das, was dich betrifft, dann erfährst du, daß es in dir, zwischen dir und deinem Gott nichts mehr gibt als nur das bloße Wissen und Gewahrsein deines eigenen Seins. Und sogar selbst das noch mußt du überwinden, willst du in vollkommener Weise tun, was dieser Weg von dir verlangt.

Eine Warnung

Hüte dich aber bei dieser Übung der kontemplativen Liebe, daß deine Gefühle nicht die Oberhand gewinnen und daß du deine Kräfte nicht überspannst. Sei froh und eifrig bei dieser Übung und versuche nichts zu erzwingen. Je froher du den Weg der Kontemplation gehst und je lieber du ihn gewinnst, desto echter und geistiger wird das sein, was du tust. Je ungestümer du aber dich verhältst, um so materieller und grober wird dann das, worum es dir geht.

Nimm dich also in acht, denn wer ohne Gespür, ja frech zum Gipfel des kontemplativen Gebetes vorstoßen will, der wird gleichsam mit Steinen vertrieben werden. Und Steine sind harte und solide Dinge, die Schmerzen und Verletzungen verursachen.

Laß also das Grobe und Ungestüme und lerne vielmehr, mit Leib und Seele zwar eifrig in der Liebe zu sein, doch ganz sachte und bescheiden dich zu verhalten. Ergib dich geduldig und demütig dem, was Gott will, und versuche nicht, es gierig an dich zu reißen, wie wenn du ein ausgehungerter Jagdhund wärst.

Laß es mich etwas scherzhaft ausdrücken: Tue, was du kannst, das heftige und ungestüme Verlangen deines Herzens zu zügeln, indem du gewissermaßen selbst vor Gott verborgen hältst, wie sehr du ihn sehen, fühlen und festhalten möchtest.

Vielleicht erscheint dir das kindisch und leicht hingesagt, doch glaube mir, wenn einer mit Gottes Hilfe sich so verhält, wie ich meine, dann wird er sich bald im beglückenden Spiel mit Gott befinden, der ihn küßt, herzt und umarmt wie ein Vater sein Kind, und wollen, daß es niemals aufhört.

Das Körperliche ist dem Geistigen untergeordnet

Nichts von alledem, was ich sagte, hat den Zweck, dich etwa vom mündlichen Gebet abzuhalten, wenn dich danach verlangen sollte. Und solltest du selbst im Überschwang der Liebe mit Gott wie mit einem Menschen sprechen wollen in Worten wie: »Guter Jesus« oder »Liebenswerter Jesus« und ähnliches, so sollst du das ruhig tun.

Gott verhüte, daß du mich falsch verstehst. So meinte ich es nicht, denn es geht mir nicht darum, Leib und Seele zu trennen, die Gott verbunden hat.

Doch das Physische ist dem Geistigen untergeordnet und nicht umgekehrt.

Wer sich auf dem Wege der Kontemplation befindet, kann tatsächlich wahrnehmen, daß der Leib dem Geist unterworfen ist. Wenn er sich nämlich der Übung der Kontemplation hingibt, wird er plötzlich feststellen, ohne zu wissen, wie das geschah, daß sein Leib, der aus Bequemlichkeit in lässiger Haltung war, auf Grund der Übung sich aufgerichtet hat. So reagiert der Leib physisch auf die geistige Übung. Und das ist richtig so.

Falsche Kontemplative

Wer auf falschem Wege ist, verrät sich durch absonderliche Verhaltensweisen selbst. Wer immer solche Menschen bei ihrer Übung beobachtet, kann feststellen – sollten ihre Augen geöffnet sein – daß sie wie Geistesgestörte stier und finster blicken, als ob sie den Teufel sähen. Gut, sie sollten auch auf der Hut sein, denn weit weg ist er sicher nicht.

Manche verdrehen die Augen wie benommene Schafe, die man auf den Kopf geschlagen hat und am Verenden sind. Andere lassen ihren Kopf auf eine Seite hängen, wie wenn sie von einem Wurm im Ohr geplagt würden.

Andere wiederum piepsen, anstatt zu sprechen, als ob sie keine Kraft mehr hätten. Das alles ist typisch für Heuchler.

Andere, voll Ungeduld, können es kaum erwarten, herauszusprudeln, was sie auf der Seele haben. Sektierer verhalten sich so und solche, deren Anmaßung und Neugierde sie geradezu für Irrtum empfänglich machen.

Das Verhalten solcher Menschen zeigt vieles, was gestört ist und sich nicht ziemt. Es gibt allerdings auch einige, die sich in der Gegenwart anderer in der Hand haben. Würde man sie aber sehen, wo sie sich unbeobachtet fühlen, dann glaube ich, würde offenbar, wer sie wirklich sind. Widerspräche man außerdem ihren Ansichten, so würden sie bald, davon bin ich überzeugt, heftig zu argumentieren beginnen. Und dabei glauben sie, daß sie aus Liebe zu Gott sich so verhalten und um der Wahrheit willen.

Weitere absonderliche Verhaltensweisen

Man kann Menschen mit überaus seltsamen Verhaltensweisen antreffen. Wenn sie zum Beispiel etwas hören, drehen sie den Kopf ganz eigenartig zur Seite – mit dem Kinn nach oben und offenem Mund, so als ob sie mit dem Munde und nicht mit den Ohren zuhörten.

Andere gestikulieren, wenn sie reden, spielen mit den Fingern, schlagen sich und anderen auf die Brust, mit denen sie gerade reden.

Dann gibt es welche, die derart von Unruhe besetzt sind, daß sie sowohl beim Sitzen als auch beim Stehen oder Liegen andauernd mit den Füßen wippen oder mit den Händen spielen.

Andere, wenn sie reden, rudern mit ihren Armen in der Luft, so, als ob sie dabei wären, eine große Wasserfläche zu durchschwimmen.

Andere wiederum kichern oder lachen bei jedem Wort, das sie sprechen, so wie das alberne Mädchen und einfältige Clowns tun.

Weit besser als das ist eine innere Freude, die sich in einem ruhigen Äußeren und bescheidenem Verhalten zeigt.

Ich sage natürlich nicht, daß alle diese ungehörigen Verhaltensweisen in sich schwer sündhaft sind oder daß jene, an denen wir sie feststellen, große Sünder sind. Was ich sage, ist, daß dieses abstößige und übertriebene Verhalten – sollte es jemand derart beherrschen, daß es ihm zur zweiten Natur geworden ist – ein Zeichen des Stolzes und der Arroganz ist, des Protzentums und einer krankhaften Wissensbegierde.

Ganz besonders aber lassen sie auf ein ruheloses Herz und einen flatterhaften Geist schließen, Verfassungen, die mit dem kontemplativen Weg, auf den dieses Buch führen will, nichts gemein haben. Nur deswegen habe ich so viele Beispiele dafür angeführt, wie der Mensch verführt werden kann. Wer sich also auf dem kontemplativen Weg befindet, soll die Echtheit seines eigenen Verhaltens prüfen, wenn er andere sich falsch verhalten sieht.

Leib und Seele sind in diese Übung einbezogen

Wer immer, ob Mann oder Frau, in diese kontemplative Übung hineinwächst, wird bald feststellen, wie sie sich auf Leib und Seele auswirkt und wie ein solcher Mensch immer attraktiver für andere wird, die ihm begegnen.

Ja, wenn selbst der am wenigsten attraktive Mensch, Mann oder Frau, durch Gnade diesen kontemplativen Weg begänne, würde sich sein Erscheinungsbild in kurzer Zeit derart ändern, daß gute Menschen, die ihm begegnen, voll Freude danach strebten in seiner Nähe zu sein, und sie würden sich in seiner Gegenwart durch Gottes Gnade aufgemuntert und gestärkt fühlen.

Wenn du also dieser Gabe durch Gnade teilhaftig werden kannst, so nimm sie an, denn wer immer sie wirklich hat, wird wissen, wie er sich selbst und den Dingen gegenüber zu verhalten hat.

Mit Weisheit und Scharfsinn wird er den Charakter anderer einzuschätzen wissen. Er wird ungezwungen mit allen umgehen können, die ihn ansprechen, ganz gleich, ob es »Heilige« oder »Sünder« sind, ohne selbst zu sündigen. Erstaunen wird das erregen bei allen, die ihn sehen, und sie werden durch Gnade sich auf den gleichen Weg gezogen fühlen, auf dem er sich befindet.

Der Echte und der Falsche

Verhalten und Redeweise solcher Menschen, die sich auf dem Weg der Kontemplation befinden, sind von tiefer Weisheit geprägt, voll inneren Feuers und geistiger Frucht. Ihr Wort ist klar und ernsthaft, sie sprechen nicht doppelzüngig, auch nicht kriecherisch und schmeichlerisch wie solche, die sich verstellen. Letztere sind Menschen, die ihre ganze innere und äußere Energie darauf verwenden, nicht allzu lachhaft zu wirken, wenn sie ihr Reden mit frommen Worten und erbauenden Gesten ausschmücken. Sie tun das, um, anstatt von Gott und seinen Engeln, von den Menschen für heilig gehalten zu werden.

Solche Menschen schämen und ärgern sich weit mehr, wenn man Zeuge ihrer hastigen und unkontrollierten Gebärde oder ihrer nicht gerade formvollendeten Ausdrucksweise wird, als wenn sie vor Gott, Engeln und Heiligen im Himmel tausend Eitelkeiten hegen und mit sündhaften Regungen spielen.

Es ist das hochmütige Herz, das hinter solchen ins Auge fallenden Äußerlichkeiten steht, die jeder wahren Demut spotten.

Über den Gebrauch von Worten

Bist du beim kontemplativen Gebet, dann beschäftige dich mit keinen Gedanken, weder guten noch bösen, sondern sei ganz da im gegenwärtigen Augenblick.

Bete auch nicht laut, es sei denn, daß dich danach verlangt. Falls du Worte gebrauchst, sei es unwichtig für dich, ob es nun viele oder wenige sind, und denke auch nicht darüber nach, was sie bedeuten.

Das gilt für das Lobpreis- und Bittgebet, für Hymne oder Psalm oder jede andere Gebetsform allgemeiner oder besonderer Art. Es gilt aber auch dann, wenn du die Worte mit deinen Lippen aussprichst oder sie in Gedanken nur formulierst.

Lass Ihn sein, wie Er ist

Dein Bewußtsein fülle nichts außer ein bloßes Verlangen, das auf Gott gerichtet ist.

Dich beschäftige nur, daß Gott ist, wie er ist. Sein Wesen, wie er in sich ist oder wie er sich in seinen Werken offenbart, beschäftige dich nicht.

Suche nicht auf dem Verstandeswege nach Gott, sondern laß ihn einfach sein, wie er ist.

Diese bloße Absicht, die du ganz frei im Glauben verwurzeln und verankern mußt, wird für deinen Verstand und deine Gefühle nichts anderes mehr übriglassen als eine von allem freie Vorstellung und ein blindes Gewahrsein deines eigenen Seins.

Was ich meine, ist mit folgendem Gebet vergleichbar: Was ich bin, Herr, biete ich dir an. Ich erwäge keine deiner Eigenschaften, sondern nur, daß du bist, wie du bist, nur das, sonst nichts.

Gott ist einfach Gott, und du bist du

Bei dieser Übung entspreche deinem Denken über Gott, dein Denken über dich und deinem Denken über dich, das über Gott: Gott ist einfach, und du bist einfach.

Eine solche Vereinfachung des Denkens bedeutet, daß dein Bewußtsein weder zerstreut ist, noch von Gott getrennt, sondern mit ihm, der alles ist, verbunden bleibt.

Der Unterschied aber zwischen dir und ihm bleibt immer bestehen, daß er nämlich dein Sein ist, du aber nicht das seine.

So blicke denn voll Freude auf zu ihm und sage in Worten oder einfach durch dein Verlangen: »Was ich bin, Herr, ist dein, denn du bist, was du bist.« Du aber denke an weiter nichts, außer voll Innigkeit und Ernst daran, daß du einfach bist, wie du bist, ohne auch nur eine Spur weiterer Überlegungen.

Nichts fülle dein Bewusstsein, ausser dass du bist

Könnte sich jemand dessen nicht bewußt sein und es nicht erfahren, daß er ist, wäre ein solcher Mensch über die Maßen dumm. Beachte aber, daß ich nicht gesagt habe, daß ihm bewußt sein soll, was er ist, sondern einfach, daß er ist.

Laß also, so rate ich dir, das viele Nachdenken und denke ganz einfach daran, daß du bist, und nicht daran, was du bist.

Es schadet nichts, in etwa zu wissen, was du bist. Mit Gottes Hilfe hast du das ja schon vor einiger Zeit erfahren, nämlich daß du von Natur ein Mensch bist und obendrein infolge deiner Sündhaftigkeit, wie du ja gut weißt, ein erbarmungswürdiger Mensch.

Doch vielleicht denkst du zu sehr an den Schmutz, der einem gefallenen Geschöpf anhaftet. Laß das alles sein. Ich bitte dich, laß ab davon. Rühre nicht länger in diesem Schmutz, sonst wird sein Gestank dir noch zu schaffen machen.

Statt dessen besinne dich einfach darauf, daß du bist, ganz schlicht und einfach, denn dafür brauchst du weder Gelehrsamkeit noch Begabung.

Dein nacktes Sein

Von jetzt ab genügt es, wenn du Gott mit deinem ganzen Wesen verehrst, d.h., wenn du ihm dein bloßes Sein anbietest. Die *Wahrnehmung deines Seins* sei frei von allem Denken an seine Eigenschaften und dein Bewußtsein frei von allen Besonderheiten deines oder der anderen Geschöpfe Sein. Ein solches Nachsinnen ist nutzlos für dich jetzt. Doch dieses blinde allgemeine *Wahrnehmen deines Seins* wird dir gegenwärtig genügen, dich weiterbringen und dich und die ganze Menschheit zur Vollkommenheit führen. Das ist weit besser als irgendein Gedanke, der sich mit Besonderheiten beschäftigt, auch wenn er noch so tief ist.

Laß all das und wende dich Gott mit deinem ganzen Wesen zu: mit dem, was du bist und so, wie du bist – ihm, was er ist und so, wie er ist. Denn nur Gott ist völlig sein und dein eigenes herrliches Sein.

Das Tor zur Erkenntnis

Jener Mensch ist glücklich zu preisen, der das blinde *Gewahrsein seines eigenen Seins* Gott darbringt und so sein Innerstes mit liebendem geistigem Erkennen füllt, das so köstlich ist, daß es bei weitem angeborenes oder erworbenes Wissen übertrifft.

Es ist eine Weisheit, dunkel zwar und formlos, die aber nichts gemein hat mit dem, was Vernunft und Vorstellung hervorbringt. Die Anstrengungen und Mühen der natürlichen Fähigkeiten würden nie ihresgleichen hervorbringen. Was sie nämlich schaffen, und mag es noch so erhaben und scharfsinnig sein, ist im Vergleich zu ihr Leere und Trug.

Diese einfache Übung aber verträgt sich mit deinen Alltagspflichten. Denn selbst wenn du deine Aufmerksamkeit auf das blinde *Gewahrsein deines nackten Seins* gerichtet hast, das mit Gottes Sein verbunden ist, wirst du deinen täglichen Lebensgewohnheiten nachgehen können und essen, trinken, schlafen, wachen, gehen, kommen, sprechen, hören, dich niederlegen und aufstehen, stehen, knien, laufen, reiten, arbeiten und ruhen.

Das Erkennen Gottes

Obwohl ich dir sagte, alles zu vergessen außer dem blinden Gewahrsein deines nackten Seins, hatte ich von Anfang an die Absicht, dich zu dem Punkt zu führen, wo du auch dieses noch vergißt, um schließlich nur noch das Sein Gottes zu erfahren. Diese letzte Erfahrung hatte ich im Auge, als ich dir sagte: Gott ist dein Sein. Damals jedoch glaubte ich, daß es verfrüht sei für dich, ohne Übergang zu so tiefem geistigen Bewußtsein von Gottes Sein zu kommen. Deshalb riet ich dir, dich zunächst mit dem blinden Gewahrsein deines bloßen Seins zu beschäftigen, bis dir durch ausdauerndes geistiges Üben dieser innere Weg leichterfällt. Ich wußte, daß dich das dafür bereiten würde, durch Erfahrung zur Erkenntnis von Gottes Sein zu kommen.

Bei dieser Übung darf letztlich nur ein Verlangen dich beseelen, die immerwährende Sehnsucht nämlich, außer Gott nichts zu erfahren. Zwar riet ich dir anfangs, dein Wahrnehmen Gottes mit dem Wahrnehmen deines Selbstes zuzudecken und zu umhüllen, doch tat ich das nur, weil du auf geistlichem Gebiete noch zu unerfahren warst. Ich erwartete aber, daß du – solltest du ausdauernd üben – zunehmend geläutert würdest, bis du schließlich einzig darauf ausgerichtet bist, dein Bewußtsein zu entblößen, zu berauben und völlig von allem zu entkleiden, sogar vom elementaren Gewahrsein deines eigenen Seins und so Gott für dich neu erfahrbar würde, so wie er in sich selbst ist.

Nimm einfach den guten gnädigen Gott, so wie er ist, und lege ihn als Heilverband um dein krankes Selbst, so wie du bist. Oder, um es anders auszudrücken, beginne bei deinem kranken Selbst und strecke dich einfach, so wie du bist, in Sehnsucht nach dem guten gnädigen Gott aus, um ihn zu berühren.

Wissen wir doch aus der Heiligen Schrift, daß, wer Gott berührt, für immer gesundet. »Wenn ich nur den Saum seines Gewandes berühre, werde ich gesund«, sagte sich die Frau, die zu ihm kam. Um wieviel mehr wirst du von der Krankheit deiner Seele genesen, wenn du auf so vollkommene Weise mit deiner Liebe Gott selbst berührst.

Mache dich also unverzüglich daran und nimm dieses unfehlbare Heilmittel. Einfach, so wie du bist, halte dieses dein krankes Selbst Gott hin, so wie er ist, denn er ist gut und gnädig.

Tue das einfach, ohne über dich nachzusinnen und ohne Spekulationen über Gott anzustellen. Vergiß Begriffe wie Rein und Unrein, Geistig und Körperlich, Göttlich und Menschlich. Wichtig ist jetzt für dich, ohne begriffliches Denken eifrig in Sehnsucht und Liebe sich mit Gott zu beschäftigen. Auf diese Weise kommt es gnadenhaft zur geistlichen Vereinigung mit Gott selbst, so wie er ist.

ALLES IST IM »IST« ENTHALTEN

Wenn du dich dieser kontemplativen Übung unterziehst, dann denke weder an die Eigenschaften, die man Gott zuschreibt, noch an deine eigenen.

Denn wenn du unter der Perspektive der Ewigkeit auf Gott blickst, dann eignet sich dafür kein Name, keine Erfahrung oder Erkenntnis besser als das, was die blinde liebende Erwägung des »Ist« enthält.

Nennst du Gott zum Beispiel gut, gerecht, liebenswert, barmherzig, erhaben, weise, allwissend, stark, allmächtig oder ist er für dich Macht, Stärke, Liebe, Güte oder was immer sonst, so ist all das in diesem kurzen Wort »Ist« enthalten.

Und selbst wenn du noch hunderttausend ähnliche Wörter hinzufügtest, wirst du nie mehr ausgesagt haben, als in diesem einen Wort »Ist« enthalten ist. Du fügst nichts hinzu, wenn du sie gebrauchst, und du läßt nichts weg, wenn du sie nicht gebrauchst.

Laß all das beiseite und gib dich selbst, all das, was du bist, Gott ganz, so wie er ist.

Die Veranlagung für diese Übung der Kontemplation ist nicht bei jedem gleich

Es gibt Menschen, die den kontemplativen Weg für so schwierig und abschreckend halten, daß sie glauben, nicht ohne große Mühe und Ausdauer erreichen zu können, was er verspricht. Und selbst dann, so meinen sie, erfahren sie es nur selten und wenn, dann nur in Augenblicken der Ekstase.

Solchen Menschen möchte ich so gut wie nur möglich antworten und sagen, daß all das vom Willen Gottes abhängt, der nach seinem Gutdünken und entsprechend der Befähigung des Menschen seine Gnade für diesen kontemplativen Weg gibt, ja überhaupt für das geistliche Leben.

Manche werden erst nach langer und mühevoller geistlicher Mühe auf diesem kontemplativen Weg weiterkommen. Für sie ist es selten, wenn sie Vollkommenheit in dieser Übung erreichen, und wenn, dann nur durch Gottes besondere Gnade.

Doch es gibt auch Menschen, die der Geist und die Gnade so bereitet haben und die durch die kontemplative Übung so mit Gott verbunden sind, daß sie, wann immer sie wollen und selbst in den allergewöhnlichsten Tätigkeiten des tägliches Lebens wie Sitzen, Gehen, Stehen oder Knien, zur tiefsten Erfahrung kommen. Aber selbst dann behalten sie Kontrolle über ihre normalen Fähigkeiten und können sie gebrauchen, wie sie wollen, natürlich nicht ganz ohne Schwierigkeiten, aber doch ohne große Mühe.

Nicht für alle ist dieser Weg

Glaubst du aber, daß du physisch, von deiner spirituellen Veranlagung und von deinem Temperament her, für diesen Weg nicht geeignet bist, dann gehe einen anderen. Wenn du eine gute Führung hast, ist das gefahrlos und du brauchst dich deswegen nicht schuldig zu fühlen. Sollte das eintreten, bitte ich dich, mich zu entschuldigen. Ich wollte dir ja nur entsprechend meiner begrenzten Fähigkeiten helfen.

Lies vielleicht, was ich geschrieben habe, zwei- oder dreimal durch; je öfter du es liest, um so besser und tiefer wirst du es verstehen. Und Sätze, die dir vielleicht anfangs etwas dunkel erschienen, wirst du dann in ihrer Bedeutung verstehen.

Ist aber ein Mensch für diesen Weg geeignet, spürt er, so glaube ich, wenn er darüber liest oder spricht, darüber hört oder vorgelesen bekommt, daß ihn das anzieht. Wenn du also glaubst, daß du dafür geeignet bist, dann danke Gott von ganzem Herzen und bete für mich aus Liebe zu Gott.

Und wenn es in dem, was ich geschrieben habe, etwas gibt, das du genauer erklärt oder etwas ausführlicher behandelt haben möchtest, dann laß mich das wissen, und ich werde mir Mühe geben, es so gut wie ich nur kann zu ergänzen.

Prüfe deine Berufung

Wem dieses Buch in die Hände fällt, und wer sich von dem, was er darin liest, angezogen fühlt, muß nicht glauben, daß Gott ihn einfach deswegen schon auf den kontemplativen Weg ruft. Dieses Gefühl kann auch durch eine ganz natürliche Wißbegierde ausgelöst werden und muß nicht unbedingt ein Ruf der Gnade sein.

Wenn er glaubt, daß all sein inneres oder äußeres Tun ihn ruhelos läßt, es sei denn, diese verborgene schlichte Regung der Liebe, die in die Wolke des Nichtwissens eindringen möchte, werde zum ganzen Inhalt seines spirituellen Tuns, dann ist das ein Zeichen dafür, daß Gott ihn dazu berufen hat, denn sonst wäre es nicht so.

Zeichen der Berufung zum kontemplativen Leben

Vielleicht möchtest du jetzt wissen: »Gibt es denn ein oder mehrere Zeichen, die mich erkennen lassen, was dieses mein Hingezogensein zum kontemplativen Gebet und diese innere Freude bedeuten, die ich fühle, wann immer ich darüber höre oder lese?«

Dazu will ich dir antworten so gut ich kann. Es gibt zwei Arten von Zeichen, die dich erkennen lassen, ob Gott dich zum kontemplativen Leben ruft oder nicht. Das eine ist innerer, das andere äußerer Art. Um aber einen Ruf zu Kontemplation richtig erkennen zu können, genügt weder das eine für sich noch das andere, sondern beide müssen da sein und das gleiche anzeigen, damit du dich ohne Furcht vor Irrtum auf sie verlassen kannst.

Das innere Zeichen ist jenes wachsende Verlangen nach Kontemplation, das sich während deiner täglichen Andachtsübungen ständig bemerkbar macht. Es ist eine Aktivität der Seele und stellt sich ganz von selber ein, doch wird sie begleitet und abgelöst von einer inneren Schau, die zum Teil seine Ursache ist, aber auch Mittel, das Verlangen zu vermehren.

Das zweite Zeichen ist äußerer Art und zeigt sich als tiefe Freude, die in dir aufbricht, wann immer du über Kontemplation hörst oder liest. Ich nenne es äußeres Zeichen, weil es von außen her kommt und durch deine Sinne in dich eintritt.

Verlangen und Freude gehen ineinander über

Ist diese Freude, die in dir aufbricht, wenn du über Kontemplation hörst oder liest, wirklich der Ruf Gottes an dich, ein kontemplatives Leben zu führen, dann wird sie dich begleiten, wenn du am Abend zu Bett gehst, und wird bei dir sein, wenn du am Morgen dich wieder erhebst. Sie wird dir den ganzen Tag hindurch folgen, bei allem, was du tust, und wird sich in deine Gebetsübungen drängen und sich wie eine Mauer zwischen sie und dich stellen. Sie wird sich außerdem gleichzeitig mit jenem blinden Verlangen einstellen, das sich in der Zwischenzeit unbemerkt verstärkt. Freude und Verlangen scheinen ineinander übergegangen, und zwar so sehr, daß du ganz Verlangen wirst, ohne genau zu wissen, worauf es sich ausrichtet.

Deine ganze Persönlichkeit wird verändert. Dein Gesicht strahlt vor innerer Schönheit, und solange es anhält, wird dich nichts traurig machen können. Über nichts anderes möchtest du reden als darüber, und doch findest du keine Worte, es auszudrücken. Du wirst wenig reden, doch was du sagst, ist hilfreich und von innerer Glut, eine Welt voll Weisheit. Dein Schweigen ist Ausdruck deines inneren Friedens, dein Reden hilfreich und dein Beten verborgen in den Tiefen deines Seins. Du wirst Selbstbewußtsein gewinnen, aber ohne Dünkel. Den anderen gegenüber wirst du dich liebenswürdig verhalten, dein Lachen wird froh, und über alles wirst du dich freuen können wie ein Kind. So sind das wachsende Verlangen nach Kontemplation und die Begeisterung, die du verspürst, wenn du über Kontemplation hörst oder liest, ineinander übergegangen.

Das Aussetzen der Gefühle

Ich behaupte natürlich nicht, daß, wer sich auf diesen Weg macht, immer diese Regung der Liebe verspüren wird. So ist es nämlich nicht.

Der Anfänger im kontemplativen Leben wird oft feststellen müssen, daß ihm der Rückhalt dieser Gefühle entzogen wird, und dafür gibt es Gründe.

Ein Grund dafür, daß das diese Art des Gebetes begleitende Gefühl dem Anfänger entzogen wird, ist, daß er sich nicht einbilde, es sei unter seiner Kontrolle und er könne es erzeugen, wann immer er wolle.

Der Stolz, der die Wurzel solcher Gedanken ist, ist der Grund, warum Gott solche angenehmen Gefühle nicht immer zuläßt. Ich spreche natürlich nicht vom tatsächlichen, sondern vom verborgenen Stolz, der aber dann zutage getreten wäre, wenn die Gefühle geblieben wären.

Unerfahrene junge Menschen meinen deshalb oft, daß Gott ihnen übel wolle, wo er doch gerade darin sich als ihr bester Freund erweist.

Ein wahres und sicheres Zeichen

Manchmal ist auch Nachlässigkeit der Grund dafür, daß die angenehmen Gefühle bei denen aussetzen, die auf dem Weg der Kontemplation sind. Tritt das ein, dann leiden solche Menschen unter bitterem und schwerem Schmerz.

Gott kann auch den Menschen ganz gezielt eine Zeitlang auf die früher empfundenen angenehmen Gefühle warten lassen, denn ihr längeres Unterbleiben wird sie, wenn sie wieder einsetzen, noch intensiver machen, und noch höher werden sie dann geschätzt.

Eines der deutlichsten und am leichtesten erkennbaren Zeichen dafür, daß man sich auf diesen kontemplativen Weg berufen glauben darf, ist, wenn man nach längerer Trockenheit plötzlich wieder dieses unverdiente Gnadengeschenk zurückerhält und feststellt, daß der Eifer gewachsen, die Liebe noch größer und das Verlangen nach dieser kontemplativen Übung noch stärker geworden ist.

Das Glück über diese neue Erfrischung ist oft größer als der vordem empfundene Schmerz über ihren Verlust.

Verhält es sich so, dann ist das ein untrügliches sicheres Zeichen dafür, daß Gott einen auf den Weg der Kontemplation berufen hat. Ganz gleich, was für ein Mensch er ist oder war.

Das Verlangen nach Heiligem wächst, wenn seine Erfüllung sich verzögert

Gottes Barmherzigkeit interessiert nicht, was für ein Mensch du bist oder gewesen bist, sondern was für einer du sein willst.

Der hl. Gregor sagt uns, daß jedes heilige Verlangen an Kraft gewinnt, wenn seine Erfüllung auf sich warten läßt. Wird es aber schwächer und verschwindet schließlich, wenn man warten muß, dann war es nie heilig. Denn wenn jemand am Neuen, das er entdeckt, oder am unerwarteten Auftauchen seines alten Verlangens immer weniger Freude findet, war es niemals heilig, selbst wenn er in sich ein natürliches Zum-Guten-Hingezogensein verspürte.

Der hl. Augustinus sagt: Das Leben des Christen ist nichts anderes als ein einziges heiliges Verlangen.

Lebe wohl, geistiger Freund, mit Gottes und mit meinem Segen. Den allmächtigen Gott bitte ich, daß wahrer Friede immer mit dir sei, du immer gut beraten seiest, und daß du in Gott geistlichen Trost und reiche Gnade finden mögest, du zusammen mit allen, die Gott lieben. Amen.

WEITERE LITERATUR

Baden, Hans: Das Erlebnis Gottes, Herder, Freiburg 1981.
De Osuna, Francisco: Versenkung, Herder, Freiburg 1982
Grün, Anselm: Der Umgang mit dem Bösen, Vier Türme Verlag, Münsterschwarzach 1980.
Halbfas, Hubertus: Der Sprung in den Brunnen, Patmos, Düsseldorf 1981.
Jäger, Willigis: Kontemplation, Otto Müller Verlag, Salzburg 1982.
Johnston, William: Klang der Stille, Matthias-Grünewald-Verlag, Mainz 1978.
Jungclaussen, Emmanuel: Aufrichtige Erzählungen eines russischen Pilgers, Herder Verlag, Freiburg 1974.
– Der Meister in dir, Herder, Freiburg 1981.
– Das Jesusgebet, Herder, Regensburg 1980.
Lassalle, Enomiya: Wohin geht der Mensch, Benziger Verlag, Köln 1981.
Le Saux, Henri: Das Feuer der Weisheit, O.W. Barth Verlag, Wien 1979.
– Die Gegenwart Gottes erfahren, Matthias-Grünewald-Verlag, Mainz 1980.
Main, John: Meditieren mit den Vätern, Vier Türme Verlag, Münsterschwarzach 1983.
Massa, Willi: Schweigen und Wort, Butzon & Bercker, Kevelar 1974.
Massa, Willi / Johnston, William: Wagnis der Begegnung, Butzon & Bercker, Kevelar 1982.
Merton, Thomas: Sinfonie für einen Seevogel, Patmos, Düsseldorf 1973.
– Wie der Mond stirbt, Peter Hammer Verlag, Wuppertal 1976.
– Vom Sinn der Kontemplation, Verlag der Arche, Zürich 1981.
Nomura, Yushi: Vom Anzünden des göttlichen Feuers, Herder, Freiburg 1983.
Ostertag, Silvia: Einswerden mit sich selbst, Kösel Verlag, München 1981.
Tauler, Johannes: Predigten Band I/II, Johannes Verlag, Einsiedeln 1979.
Teilhard De Chardin: Lobgesang des Alls, Walter Verlag, Freiburg 1964.
Tyciak, Julius / Nyssen, Wilhelm: Weisung der Väter, Lambertus, Freiburg 1965.
Walf, Knut: Stille Fluchten, Kösel, München 1983.

LITERATUR, SCHWER ZU LESEN:

Blakeslee, Thomas R.: Das Rechte Gehirn, Aurum, Freiburg, 1982.
Brenan, Gerald: St. John of the Cross, London-New York, 1976.
John, On the Cross: The Collected Werks, ICS Publications, 1979, Wahington.

Capra, Fritjof: Wendezeit, Scherz 1983; früher: Der Kosmische Reigen, Barth 1978; jetzt: Das Tao der Physik, 1984.
Chan, Chung-Yuan: Original Teachings of Ch'an Buddhism, Vintage Books Edition, New York 1971.
Cleary, Thomas and J.C.: The blue Cliff Record, Shambhala, Boulder & London 1977.
Cleary, Thomas: The Original Face: An Anthology of Rinzai Zen, Grove Press, Inc. New York, 1978.
Deikman, A.: The Observing Self, Beacon Press, Boston 1982.
Eccles, John C.: Wahrheit und Wirklichkeit, Springer, 1975.
Griffiths, Bede: Die Hochzeit von Ost und West, Salzburg 1984.
Grof, Stanislav: Topographie des Unbewußten, Klett-Cotta, 1978.
Hakeda, Yoshito S.: The Awakening of Faith, Columbia University Press, New York & London, 1967.
Hark, Helmut: Religiöse Neurosen, Kreuz Verlag, Stuttgart 1984.
Jantsch, Erich: Die Selbstorganisation des Universum, Hanser Verlag, München 1979.
Kaltenbrunner, Gerd-Klaus: Wissende, Verschwiegene, Eingeweihte, Herder, München 1981.
Leonhard, George: Der Rhythmus des Kosmos, Scherz Verlag, 1980.
May, Gerald: Will & Spirit, Harper & Row, Publishers, San Francisco.
Miura, Isshu, Ruth Fuller Sasaki: The Zen Koan, Harcourt, Brace & World, Incs. New York 1965.
Ornstein, Robert: Psychologie des Bewußtseins, Fischer TB 6317.
Pfeiffer, F.: Die deutsche Mystik des 14. Jahrhunderts, Scientia Verlag, Aalen 1962.
Prigogine, Ilya: Dialog mit der Natur, Piper Verlag 1981.
Quint, Josef: Meister Eckehart, München 1969.
Ryokai, Tosan: Die fünf Stände, Hismatsu, Verlag Günther Neske, 1980.
Sanella, Lee: Kundalini – Psychosis or Transcendence? H.S. Dakin Company, San Francisco.
Shigematsu, Sooiku: A Zen Forest, Weatherhill New York 1981.
Talbot, Michael: Mysticism and the new Physics, Bantam Book, New York 1980.
Urbina, Fernando: Comentario a noche del espiritu y la subita al monte Carmelo, Madrid 1982.
Watts, Alan/Lama Anagarika Govinda: Die Kunst der Kontemplation, Aurum Verlag, Freiburg 1977.
Weizsäcker, C.F./Gopi, Krishna: Biologische Basis der Glaubenserfahrung, O.W. Barth Verlag, München 1973.
Wilber, Ken: The Spectrum of Consciousness, Theosophical Publish, House 1982.
– No boundery, Shambhala, Boulder & London, 1981.

– Up from Eden, Anchor Press/Doubleday, New York 1981.
– The Atman Project, The Theosoph. Paublishing House Wheaton, I11., USA.
Yamada, Koun: Gateless Gate, Center Publications Los Angeles 1979.

QUELLENANGABEN

Das grundlegende Buch zur *Wolke* in Mittelenglisch ist von Phyllis Hodgson herausgegeben und von Oxford University Press für die Gesellschaft für frühe englische Texte veröffentlicht worden. Sein voller Titel lautet *The Cloud of Unkowing and the Book of Privy Counselling*. Solche, die *Die Wolke* in den sprachlichen Eigentümlichkeiten des Mittelenglisch lesen wollen, dessen Rechtschreibung aber modern ist, seien auf das Buch *The Cloud of Unknowing together with the Epistle of Privy Counsel* verwiesen, das der Abt Justin McCann, OSB (Burns and Oates) herausgegeben hat. Beide Bücher haben mir bei meiner Arbeit, den Text in modernes Englisch zu bringen, sehr geholfen.

Wer den ganzen Text der *Wolke* in modernem Englisch haben möchte, den verweise ich auf *The Cloud of Unknowing and Other Works*, das Clifton Wolters in Penguin Classics herausgegeben hat, oder auf *The Cloud of Unknowing*, herausgegeben von James Walsh, SJ, und von SPCK in der Serie »The Classics of Western Spirituality« publiziert; oder auf *The Cloud of Unknowing*, das Ira Progoff herausgegeben und Rider and Company publiziert hat. Ich schätze alle diese Bücher sehr, denn sie haben mir bei meiner Arbeit geholfen. Anmerken möchte ich noch, daß von den drei zuletzt erwähnten Büchern nur das von Clifton Wolters herausgegebene Buch sowohl *Die Wolke* als auch den *Brief der Seelenführung* enthält, und daß das von Ira Progoff, das in seiner Einführung auch auf psychologische Zusammenhänge der *Wolke* eingeht, nur noch in Büchereien oder in Antiquariaten erhältlich ist.

Übersetzungen von *The Cloud of Unknowing* ins Deutsche:

Kontemplative Meditation, die Wolke des Nichtwissens, Hg. Willi Massa, in Topos Taschenbücher, Matthias Grünewald Verlag Mainz.
»Die Wolke des Nichtwissens«, übertragen von W. Riehle, Johannes-Verlag, Einsiedeln.
Übersetzung von *Privy Counselling: Der Weg des Schweigens,* Hg. Willi Massa, Verlag Butzon & Bercker.

Quellenangabe von Textstellen in diesem Buch, die von anderen Autoren stammen:

Dag Hammarskjöld: *Zeichen am Weg*, Droemersche Verlagsanstalt Th. Knaur, München/Zürich.
Raimundo Panikkar, nach einem Manuskript.
Angelus Silesius, zitiert aus der Gesamtausgabe.
Christopher Bryant: *The River Within*, Darton, Longman and Todd, 1978.
Philokalia, on Prayer of the heart, Faber & Faber London 1979.
Evagrius Ponticus, The Praktikos, Chapters on Prayer. Cistercian Publications, Kalamazoo, Michigan 1978.
Johannes vom Kreuz, Sämtliche Werke, Einsiedeln 1977.
Cassian, Collationes.
Die Erfahrungsberichte sind anonym.